Colección
Neville Goddard

VOLUMEN 1

INCLUYE

A tus Órdenes (1939)

Libertad para Todos (1942)

Plegaria: El Arte de Creer (1945)

Fuera de este Mundo (1949)

Traducción de
Marcela Allen Herrera

WISDOM COLLECTION

PUBLISHING HOUSE

Wisdom Collection
McKinney, Texas/ 75070

www.wisdomcollection.com

ISBN Paperback: 978-1-63934-064-4
ISBN Hardcover: 978-1-63934-036-1

PRESENTACIÓN

La presente edición contiene una colección con algunos de los libros más importantes de Neville Goddard, ordenados cronológicamente de acuerdo a su fecha de publicación:

A tus Órdenes (1939)
Libertad para Todos (1942)
Plegaria: El Arte de Creer (1945)
Fuera de este Mundo (1949)

Este primer volumen, al igual que sus primeras conferencias y libros, se centra en lo que Neville denominó "La Ley", donde destaca la importancia de la imaginación y la visualización creativa como herramientas fundamentales para transformar y mejorar nuestro mundo.

Estas enseñanzas muestran que todo lo que experimentamos en nuestro mundo exterior es simplemente una manifestación de nuestros estados internos. Por lo tanto, si deseamos cambiar nuestro entorno y circunstancias, debemos empezar por cambiarnos a nosotros mismos, modificando nuestras ideas y convicciones, lo que implica un cambio en nuestra conciencia. Una vez que logramos este cambio interno, nuestro mundo exterior se transforma en consecuencia.

Neville ilustró estas enseñanzas a través de sus experiencias personales, compartiendo historias con su audiencia en las que demostraba cómo cumplió sus deseos gracias al poder de la imaginación. Además, también compartió relatos de cómo otras personas lograron hacer realidad sus sueños gracias a "La Ley".

Después de dar conferencias en todo el país, Neville se estableció en Los Ángeles en la década de 1950, donde ofreció charlas por radio y televisión, y dio conferencias a grandes audiencias en el Teatro Wilshire Ebell.

Actualmente, existen muchas grabaciones originales de sus charlas en Los Ángeles y San Francisco, así como sus libros, lo que permite que sus enseñanzas lleguen a nuevas generaciones.

"Intentar cambiar el mundo antes de que cambiemos nuestro concepto de nosotros mismos es luchar contra la naturaleza de las cosas. No puede haber un cambio externo mientras no haya primero un cambio interno. Como es adentro, así es afuera".

M.A.H.

CONTENIDOS

A TUS ÓRDENES

NEVILLE

PRÓLOGO

Este libro contiene la esencia misma del Principio de Expresión. Si hubiera querido, me habría expandido en un libro de varias centenas de páginas, pero tal amplitud hubiese ocultado el verdadero propósito de este libro.

Los decretos, para que sean efectivos, deben ser cortos y directos. El mayor decreto que se ha registrado se encuentra en la simplicidad de las palabras, "Y Dios dijo, hágase la Luz."

Manteniendo este principio, en estas pocas páginas, yo ahora te doy a ti, el lector, la verdad tal como me fue revelada.

Neville.

A TUS ÓRDENES

¿Es posible que una persona decrete una cosa y que se cumpla? ¡Por supuesto que sí! El individuo siempre ha decretado aquello que ha aparecido en su mundo, hoy está decretando lo que está apareciendo y continuará haciéndolo mientras el hombre o la mujer sea consciente de ser ese hombre o esa mujer. Nunca ha aparecido nada en el mundo de una persona que no haya sido decretado por ella misma. Tú puedes negar esto, pero por más que trates no podrás desmentirlo, pues esta afirmación se basa en un principio inmutable. Tú no ordenas que las cosas aparezcan en tu realidad mediante afirmaciones audibles. Tal vana repetición es más frecuentemente una confirmación de lo opuesto. Decretar siempre se hace en la conciencia. Es decir, cada individuo es consciente de ser aquello que ha decretado que es. Aquel que es necio, sin usar palabras, es consciente de ser necio. Por tanto, está decretando para sí mismo ser necio.

Cuando lees la Biblia bajo esta perspectiva te das cuenta de que es el libro científico más grandioso jamás escrito. En lugar de mirar la Biblia como el registro histórico de una civilización antigua, o como la biografía de la inusual vida de Jesús, mírala como un gran drama psicológico que ocurre en la conciencia del ser humano.

Aprópiate de su significado y súbitamente transformarás tu mundo desde los áridos desiertos de Egipto a la tierra prometida de Canaán.

Todos estarán de acuerdo con la afirmación que todo fue hecho por Dios, y que sin él nada de lo que ha sido hecho, hubiera sido hecho; pero en lo que no todos están de acuerdo es respecto a la identidad de Dios. Por el contrario, todas las iglesias y los sacerdocios del mundo están en desacuerdo respecto a la identidad y la verdadera naturaleza de Dios. La Biblia demuestra, más allá de toda duda, que Moisés y los profetas estaban ciento por ciento de acuerdo en cuanto a la identidad y naturaleza de Dios. Y la vida y las enseñanzas de Jesús están de acuerdo con las conclusiones de los profetas de la antigüedad.

Moisés descubrió que Dios era la conciencia de Ser, cuando declaró estas palabras tan poco comprendidas: "Yo Soy me ha enviado a ustedes". David cantaba en sus Salmos: "Quédense quietos y sabrán que Yo Soy Dios". Isaías declaró: "Yo Soy el Señor y no hay ningún otro. Fuera de mí no hay Dios. Yo te fortaleceré, aunque no me has conocido. Yo Soy el que hace la luz y crea la oscuridad; Yo hago la paz y creo la adversidad. Yo, el Señor, hago todo eso"

Dios, como la conciencia de Ser, es establecido cientos de veces en el Nuevo Testamento. Por mencionar solo algunas:

"Yo Soy el buen pastor, Yo Soy la puerta; Yo Soy la resurrección y la vida; Yo Soy el camino; Yo Soy el alfa y el omega; Yo Soy el principio y el fin, y también "¿Quién dicen ustedes que Soy Yo?""

No se declara: "Yo, Jesús, soy la puerta; Yo, Jesús, soy el camino", ni tampoco se dice "¿quién dicen ustedes que Yo, Jesús, Soy?" Claramente se establece: "Yo Soy el camino". La conciencia de ser es la puerta a través de la cual todas las manifestaciones de la vida pasan al mundo de la forma.

La conciencia es el poder resucitador; resucita aquello que el individuo es consciente de ser. Él siempre está manifestando aquello de lo cual tiene conciencia de ser. Esta es la verdad que libera, porque cada persona siempre se esclaviza a sí misma o se libera a sí misma.

Si tú, lector, renuncias a todas tus antiguas creencias sobre un Dios separado de ti, y aceptas que Dios es tu propia conciencia de ser —como lo hicieron Jesús y los profetas— transformarás tu mundo con la comprensión de que "Yo y mi padre somos Uno".

Esta declaración "Yo y mi padre somos Uno, pero mi padre es más grande que Yo", parece ser muy confusa, pero si se interpreta a la luz de lo que acabamos de decir sobre la identidad de Dios, descubrirás que es muy reveladora. La conciencia, siendo Dios, es como el Padre. Aquello de lo cual eres consciente de ser es el "hijo" dando testimonio de su padre. Es como el que concibe y sus concepciones. El que concibe es siempre más grande que sus concepciones, pero permanece siendo uno con ellas. Por ejemplo, antes de que seas consciente de ser un hombre o una mujer, primero eres consciente de ser. Luego, eres consciente de ser ese hombre o esa mujer. No obstante, permaneces siendo quien concibe, que es más grande que tu concepción —el hombre o la mujer.

Jesús descubrió esta gloriosa verdad y se declaró uno con Dios, no el Dios que el ser humano había creado, porque él nunca reconoció a tal Dios. Él dijo: "Si alguien les dice, 'Mira aquí o allí', no le crean, pues el Reino de Dios está dentro de ustedes". El cielo está dentro de ti. Por tanto, cuando se dice que "Él ascendió junto a su Padre", se refiere a que él se elevó en conciencia al punto en que era solo consciente de ser, trascendiendo así las limitaciones de su presente concepción de sí mismo, el hombre llamado Jesús.

En la conciencia de ser todas las cosas son posibles; él dijo: "Decretarás una cosa y se cumplirá". Este es su decreto, elevarse en la conciencia hasta la naturalidad de ser aquello que se desea. Como él lo expresó: "Y yo, si soy levantado de la tierra, atraeré a todos a mí mismo". Si me elevo en conciencia a la naturalidad de la cosa deseada, atraeré hacia mí la manifestación de ese deseo, pues él establece: "Nadie viene a mí a menos que el Padre en mí lo traiga, y Yo y mi padre somos uno". Por tanto, la conciencia es el padre que está atrayendo las manifestaciones de la vida hacia ti.

En este preciso momento, estás atrayendo a tu mundo aquello que ahora eres consciente de ser. Ahora puedes ver lo que significa: "Tú debes nacer de nuevo". Si no estás satisfecho con tu expresión actual en la vida, la única manera de cambiarla es apartar tu atención de aquello que te parece tan real y elevar tu conciencia hacia aquello que deseas ser. No puedes servir a dos amos, por lo tanto, quitar tu atención de un estado de conciencia y ponerla en otro es morir a uno y vivir para el otro.

La pregunta: "¿Quién dices que Soy Yo?" no está dirigida a un hombre llamado "Pedro" por otro llamado "Jesús". Esta es la eterna pregunta dirigida a uno mismo por su verdadero ser. En otras palabras: "¿Quién dices que eres?", la convicción que tengas sobre ti mismo, tu opinión sobre ti mismo, determinará tu expresión en la vida. Él dijo: "Cree en Dios, cree también en mí". En otras palabras, es el yo dentro de ti, que es Dios.

Por lo tanto, orar es reconocerse a uno mismo como aquello que se desea, en lugar de aceptar la forma de petición a un Dios que no existe para que te dé aquello que ahora deseas.

Entonces, ¿puedes ver por qué hay millones de oraciones que no reciben respuesta? Las personas oran a un Dios que no existe. Por ejemplo, tener la conciencia de ser pobre y rezar a Dios por riquezas es ser recompensado con aquello que eres consciente de ser, que es la pobreza. Para que las oraciones sean efectivas deben ser una afirmación en lugar de una súplica, por lo tanto, si oras por riquezas, abandona tu imagen de pobreza, negando la evidencia misma de tus sentidos, y asume la naturaleza de ser rico. Se nos ha dicho:

"Cuando ores, entra en tu aposento, y cerrada la puerta, ora a tu Padre que está en secreto, y tu Padre que ve en lo secreto te recompensará abiertamente" (Mateo 6:6).

Hemos identificado al "Padre" con la conciencia de ser. Y también hemos identificado la "puerta" con la conciencia de ser. Entonces, "cerrar la puerta" es dejar fuera aquello de lo que actualmente soy consciente de ser y afirmar que soy lo que deseo ser. En el momento en que mi afirmación es establecida hasta el punto de la convicción, en ese mismo momento, empiezo a atraer hacia mí la evidencia de mi afirmación.

No preguntes cómo aparecerán esas cosas, porque nadie conoce la manera. Es decir, ninguna manifestación sabe cómo han de aparecer las cosas deseadas.

La conciencia es el camino o la puerta a través de la cual aparecen las cosas. Él dijo, "Yo soy el camino"; eso no quiere decir, "Yo, Juan Pérez, soy el camino", sino "Yo Soy" —la conciencia de ser— es el camino a través del cual vendrán las cosas. Las señales siempre siguen. Nunca preceden. Las cosas no tienen otra realidad más que en la conciencia. Por tanto, consigue primero la conciencia y lo deseado está obligado a aparecer. Se nos dijo:

"Busca primero el reino de los cielos y todas las cosas serán añadidas" (Mateo 6:33).

Adquiere primero la conciencia de las cosas que estás buscando y deja las cosas solas. Esto es lo quiere decir: "Decretarás una cosa y se cumplirá". Aplica estos principios y sabrás lo que significa "pruébame y verás".

La historia de María es la historia de cada persona. María no fue una mujer que dio a luz de manera milagrosa a un ser llamado Jesús. María es la conciencia de ser, que siempre permanece en estado virginal, sin importar cuántos deseos dé a luz.

En este momento, mírate a ti mismo como esta virgen María, siendo impregnada por ti mediante el deseo, volviéndote uno con tu deseo hasta el punto de encarnar o dar a luz a tu deseo. Por ejemplo: Se dice de María (ahora sabes que eres tú mismo) que nunca conoció varón. Sin embargo, concibió. Es decir, tú, Juan Pérez, no tienes ninguna razón para creer que aquello que deseas es posible, pero habiendo descubierto que tu conciencia de ser es Dios, haces de esta conciencia tu esposo y concibes un niño (la manifestación) del Señor.

> "Porque tu marido es tu hacedor; el Señor de los ejércitos es su nombre, y tu redentor, es el Santo de Israel, que se llama Dios de toda la tierra".
> (Isaías 54:5).

Tu ideal u objetivo es esta concepción; la primera instrucción que se le da a ella, que ahora es para ti mismo, es: "Ve, y no le digas a nadie". Es decir, no comentes con nadie tus deseos u objetivos, porque los otros solo harán eco de tus actuales temores. El secreto es la primera ley que se debe observar para la realización de tus deseos.

La segunda ley, como se nos dice en la historia de María, es "Magnificar al Señor". Hemos identificado al Señor como tu conciencia de ser. Por lo tanto, "magnificar al Señor" es revalorizar o ampliar la concepción actual de uno mismo hasta el punto en que esta revalorización se convierte en algo natural. Cuando se alcanza esta naturalidad, das a luz, convirtiéndote en aquello con lo que eres uno en conciencia.

La historia de la creación se nos ofrece en forma resumida en el primer capítulo de Juan. "En el principio era la Palabra". Ahora, en este preciso segundo, hablamos del "principio". Es el comienzo de un impulso, de un deseo. "La palabra" es el deseo nadando en tu conciencia, buscando encarnación. El deseo en sí mismo no tiene realidad, porque la única realidad es "Yo Soy" o la conciencia de ser. Las cosas solo viven mientras yo soy consciente de ser ellas, entonces, para realizar el deseo, debe aplicarse la segunda línea de este primer versículo de Juan, esto es: "Y la palabra estaba con Dios". La palabra, o deseo, debe fijarse o unirse con la conciencia para darle realidad. La conciencia se hace consciente de ser lo deseado, clavándose a sí misma en la forma o concepción, y dando vida a su concepción, o resucitando aquello que hasta ahora era un deseo muerto o insatisfecho.

> "Si dos de ustedes se ponen de acuerdo sobre cualquier cosa que pidan aquí en la tierra, les será hecho por mi Padre que está en los cielos".
> (Mateo 18:19).

Este acuerdo nunca se hace entre dos personas. Se realiza entre la conciencia y la cosa deseada. Tú ahora eres consciente de ser, por lo tanto, sin usar palabras, te estás diciendo a ti mismo: "Yo Soy". Ahora bien, si es un estado de salud lo que deseas alcanzar, antes de que tengas alguna evidencia de salud en tu mundo, debes empezar a SENTIR que estás sano. En el mismo instante en que se alcanza el sentimiento: "Yo estoy sano", los dos se han puesto de acuerdo. Es decir, Yo soy y la Salud han acordado ser uno, y este acuerdo siempre da como resultado el nacimiento de un niño, que es la cosa acordada, en este caso, la salud. Entonces, porque Yo hice el acuerdo, Yo expreso la cosa acordada. De este modo, puedes ver por qué Moisés declaró: "Yo Soy me ha enviado". Porque, ¿qué otro ser, aparte de Yo Soy, podría enviarte a la expresión? Ninguno, porque Yo Soy el camino, y no hay otro.

Si alzas tus alas por la mañana y vuelas a los confines del mundo o si haces tu cama en el infierno, seguirás siendo consciente de ser. Siempre eres enviado a la expresión por tu conciencia y tu expresión es siempre lo que eres consciente de ser.

Así también, Moisés declaró: "Yo Soy el que Soy". Ahora bien, aquí hay algo que siempre debes tener en cuenta. No puedes poner vino nuevo en botellas viejas o remiendos nuevos en ropas viejas, es decir, no puedes llevar contigo a la nueva conciencia ninguna parte del antiguo individuo. Todas tus actuales creencias, miedos y limitaciones son pesos que te atan a tu actual nivel de conciencia. Si quieres trascender este nivel debes dejar atrás todo lo que es ahora tu yo actual, o concepción de ti mismo.

Para hacer esto, aparta tu atención de todo lo que ahora es tu problema o limitación y quédate simplemente en el ser. Es decir, te dices a ti mismo en silencio, pero con sentimiento: "Yo Soy". No condiciones esta conciencia todavía. Simplemente, declara que eres, y continúa haciéndolo, hasta que te pierdas en el sentimiento de solo ser —sin rostro y sin forma. Cuando alcances esta expansión de conciencia, entonces, dentro de esta profundidad sin forma de ti mismo, da forma a la nueva concepción, sintiéndote a ti mismo ser aquello que deseas ser.

Dentro de esta profundidad de ti mismo encontrarás que todas las cosas son divinamente posibles. Todo lo que puedas concebir en el mundo, es para ti, dentro de esta presente conciencia sin forma, un logro de lo más natural.

La invitación que se nos da en las Escrituras es: "Estar ausente del cuerpo y estar presente con el Señor". El "cuerpo" es tu antigua concepción de ti mismo, y "el Señor" es tu conciencia de ser. Esto es lo que se quiere decir cuando Jesús dijo a Nicodemo: "Debes nacer de nuevo, porque si no naces de nuevo, no puedes entrar en el reino de los cielos". Esto quiere decir que, a menos que dejes atrás tu actual concepción de ti mismo y asumas la naturaleza del nuevo nacimiento, continuarás manifestando tus limitaciones actuales.

La única manera de cambiar tus expresiones de vida es cambiar tu conciencia. Porque la conciencia es la realidad que eternamente se solidifica en las cosas que te rodean. El mundo en el que vive una persona, en cada uno de sus detalles, es la imagen de su conciencia. No puedes cambiar tu entorno o tu mundo destruyendo cosas, así como no puedes cambiar tu reflejo destruyendo el espejo. Tu entorno, y todo lo que hay en él, refleja lo que tú eres en conciencia. Mientras sigas siendo eso en conciencia, seguirás reflejándolo en tu mundo.

Sabiendo esto, empieza a revalorizarte. La gente se valora muy poco a sí misma. En el Libro de Números, leerás:

"Vimos allí gigantes... y éramos nosotros, a nuestro parecer, como saltamontes, y así les parecíamos también a ellos".

Esto no significa un tiempo en el oscuro pasado cuando el ser humano tenía la estatura de gigantes. Hoy es el día —el eterno ahora— cuando las condiciones a tu alrededor han alcanzado la apariencia de gigantes (como el desempleo, los ejércitos de tu enemigo, tus problemas y todas las cosas que parecen amenazarte) esos son los gigantes que te hacen sentir como un saltamontes. Pero se te dijo que primero fuiste, a tu propio parecer, un saltamontes, y debido a esto fuiste un saltamontes para los gigantes. En otras palabras, solo puedes ser para los demás lo que primero eres para ti mismo. Por lo tanto, para revalorizarte y empezar a sentirte a ti mismo ser el gigante —un centro de poder— es empequeñecer a estos antiguos gigantes y hacer de ellos saltamontes.

"Todos los habitantes de la tierra son considerados como nada; más él actúa conforme a su voluntad en el ejército del cielo y entre los habitantes de la tierra. Nadie puede detener su mano, ni decirle: ¿Qué has hecho?"
(Daniel 4:35).

Este ser del que se habla no es el Dios ortodoxo sentado en el espacio, sino el único Dios, el padre eterno, tu conciencia de ser. Así que despierta al poder que eres, no como ser humano, sino como tu verdadero ser, una conciencia sin rostro y sin forma, y libérate de tu prisión autoimpuesta.

"Yo soy el buen pastor y conozco mis ovejas. Mis ovejas oyen mi voz; yo las conozco y me siguen".

La conciencia es el buen pastor. Lo que soy consciente de ser, son las "ovejas" que me siguen. Tan buen pastor es tu conciencia, que nunca ha perdido ninguna de las "ovejas" que eres consciente de ser.

Yo soy una voz que clama en el desierto de la confusión humana por lo que soy consciente de ser, y nunca habrá un momento en que lo que estoy convencido de ser, no me encuentre. "Yo Soy" es una puerta abierta para que entre todo lo que soy. Tu conciencia de ser es señor y pastor de tu vida. Entonces, ahora: "El Señor es mi pastor; nada me faltará" es visto ahora en su verdadera luz, siendo tu conciencia. Nunca podría faltarte la prueba o carecer de la evidencia de lo que eres consciente de ser.

Siendo esto cierto, ¿por qué no hacerse consciente de ser grandioso, amante de Dios, rico, saludable, y todos los atributos que admiras?

Es tan fácil poseer la conciencia de estas cualidades como poseer sus opuestas, porque no tienes tu conciencia actual debido a tu mundo. Al contrario, tu mundo es lo que es debido a tu conciencia actual. Sencillo, ¿verdad?

De hecho, demasiado simple para la sabiduría del mundo, que intenta complicarlo todo.

Refiriéndose a este principio, Pablo dijo: "Para los griegos (o sabiduría de este mundo) es necedad. Y para los judíos (o aquellos que buscan señales) una piedra de tropiezo"; el resultado es que el ser humano sigue caminando en las tinieblas en lugar de despertar al ser que es. Las personas han adorado durante tanto tiempo las imágenes de su propia creación que, al principio, esta revelación le parece blasfema, ya que supone la muerte de todas sus creencias anteriores en un Dios aparte de sí mismo. Esta revelación traerá el conocimiento de que "Yo y mi padre somos uno, pero mi padre es más grande que yo". Tú eres uno con tu actual concepto de ti mismo; pero eres más grande que lo que actualmente tienes conciencia de ser.

Antes de que puedas intentar transformar tu mundo, primero, debes establecer el fundamento: "Yo Soy el Señor". Es decir, la conciencia del individuo, su conciencia de ser, es Dios. Hasta que esto no esté firmemente establecido, de modo que ninguna sugerencia o argumento presentado por otros pueda sacudirte, te encontrarás regresando a la esclavitud de tus creencias anteriores.

"Si no creen que Yo soy, morirán en sus pecados" (Juan 8:24).

Es decir, seguirás confundido y frustrado hasta que encuentres la causa de tu confusión. Cuando hayas elevado al hijo del hombre, entonces sabrás que Yo Soy él. Esto significa que yo, Juan Pérez, no hago nada por mí mismo, sino que mi padre, o ese estado de conciencia con el que ahora soy uno, hace las obras.

Cuando esto se haya alcanzado, todo impulso y deseo que surja dentro de ti encontrará expresión en tu mundo.

"He aquí, yo estoy a la puerta y llamo; si alguno oye mi voz y abre la puerta, entraré a él, y cenaré con él, y él conmigo" (Apocalipsis 3:20).

El "Yo" que llama a la puerta es el deseo. La puerta es tu conciencia. Abrir la puerta es hacerse uno con aquello que está llamando, sintiéndose a sí mismo ser aquello que se desea. Sentir que el deseo es imposible, es cerrar la puerta o negar la expresión de ese deseo. Elevarse en conciencia a la naturalidad de lo que se siente, es abrir la puerta de par en par e invitarlo a la realización.

Es por esto que constantemente se dice que Jesús dejó el mundo de la manifestación y ascendió a su padre. Jesús, como tú y yo, encontró todas las cosas imposibles para Jesús, como hombre. Pero habiendo descubierto que su padre era el estado de conciencia de lo deseado, él dejó atrás la "conciencia de Jesús" y se elevó en conciencia a ese estado deseado y permaneció en él hasta que se hizo uno con él. Al hacerse uno con eso, se convirtió en eso, en expresión.

Este es el sencillo mensaje de Jesús a la humanidad: Las personas no son más que vestiduras en las que habita el ser impersonal, Yo Soy, la presencia que la gente llama Dios. Cada vestidura tiene ciertas limitaciones. Para trascender esas limitaciones y dar expresión a aquello que, como individuo —Juan Pérez— te encuentras incapaz de hacer, apartas tu atención de tus limitaciones actuales, o de la concepción que Juan Pérez tiene de sí mismo, y te fusionas en el sentimiento de ser aquello que deseas. ¿Cómo se encarnará este deseo o conciencia recién alcanzada? Eso nadie lo sabe. Porque Yo, o la conciencia recién alcanzada, tiene caminos que no conoces; sus maneras están más allá de lo que podemos descubrir. No especules sobre el cómo esta conciencia se encarnará a sí misma, porque nadie es lo suficientemente sabio para saber el cómo. La especulación es la prueba de que no has alcanzado la naturalidad de ser la cosa deseada y por eso estás lleno de dudas. Se te ha dicho:

> "Y si a alguno de ustedes le falta sabiduría, que se la pida a Dios, quien da a todos abundantemente y sin reproche, y le será dada. Pero que pida con fe, sin dudar. Porque el que duda es semejante a la ola del mar, impulsada por el viento y echada de una parte a otra. No piense, pues, ese hombre, que recibirá cosa alguna del Señor". (Santiago 1:5-7).

Puedes ver por qué se hace esta afirmación, porque solo sobre la roca de la fe puede establecerse algo. Si no tienes la conciencia de aquello, no tienes la causa o el fundamento sobre el cual se establece aquello.

Una prueba de esta conciencia establecida se da en las palabras: "Gracias, Padre". Cuando entras en la alegría de la acción de gracias, de modo que realmente te sientes agradecido por haber recibido aquello que todavía no es aparente para los sentidos, definitivamente te has convertido en uno en conciencia con aquello por la cual das gracias.

Dios (tu conciencia) no es burlada. Siempre estás recibiendo aquello que eres consciente de ser y nadie da gracias por algo que no ha recibido. "Gracias, Padre" no es una especie de fórmula mágica, como muchos la utilizan hoy en día. No necesitas pronunciar en voz alta las palabras "Gracias, Padre". Al aplicar este principio, a medida que te elevas en conciencia hasta el punto en que estás realmente agradecido y feliz por haber recibido la cosa deseada, automáticamente te regocijas y das las gracias interiormente. Ya has aceptado el regalo que no era más que un deseo antes de elevarte en conciencia, y tu fe es ahora la sustancia que revestirá tu deseo.

Esta elevación de la conciencia es el matrimonio espiritual en el que dos se ponen de acuerdo para ser uno y su semejanza o imagen se establece en la tierra. "Porque todo lo que pidas en mi nombre, lo haré". "Todo" es una medida bastante grande. Es incondicional. No señala si la sociedad considera correcto o incorrecto que lo pidas, depende de ti. ¿Realmente lo quieres? ¿Lo deseas? Eso es todo lo que hace falta. La vida te lo dará si lo pides "en su nombre".

Su nombre no es un nombre que pronuncias con los labios. Puedes pedir para siempre en el nombre de Dios, o Jehová, o Jesucristo, y pedirás en vano. 'Nombre' significa la naturaleza; así que, cuando pides en la naturaleza de una cosa, los resultados siempre siguen. Pedir en el nombre es elevarse en conciencia y hacerse uno en naturaleza con la cosa deseada, elevarse en conciencia a la naturaleza de la cosa, y te convertirás en esa cosa en expresión.

"Todas las cosas por las que oren y pidan, crean que ya las han recibido, y les serán concedidas" (Marcos 11:24).

Como te hemos señalado antes, orar es reconocimiento, el mandato de creer que se recibe en primera persona, tiempo presente. Esto significa que debes estar en la naturaleza de las cosas pedidas antes de que puedas recibirlas.

Para entrar fácilmente en la naturaleza, se necesita amnistía general. Se nos dice:

"Perdonen si tienen algo contra alguien, para que también su Padre que está en los cielos les perdone a ustedes sus transgresiones. Pero si ustedes no perdonan, tampoco su Padre que está en los cielos perdonará sus transgresiones" (Marcos 11:25-26).

Esto puede parecer un Dios personal que está complacido o disgustado con tus acciones, pero este no es el caso. Ya que la conciencia es Dios, si mantienes en la conciencia algo contra alguien, estás atando esa condición a tu mundo. Entonces, el hecho de liberar a los demás de toda condenación, implica liberarte a ti mismo para que puedas elevarte a cualquier nivel que sea necesario; por lo tanto, no hay condenación para aquellos que están en Cristo Jesús.

Una muy buena práctica, antes de entrar en tu meditación, es primero liberar de culpa a cada persona en el mundo. La Ley nunca es violada, de modo que puedes descansar confiadamente en el conocimiento de que la concepción que cada persona tiene de sí misma va a ser su recompensa. Por lo tanto, no tienes que preocuparte por comprobar si alguien recibe o no lo que tú consideras que debe recibir. Porque la vida no comete errores y siempre da a cada individuo aquello que él primero se da a sí mismo.

Esto nos lleva a esa afirmación tan abusada de la Biblia sobre el diezmo. Maestros de todo tipo han esclavizado a las personas con este asunto del diezmo porque no comprenden la naturaleza del diezmo y porque ellos mismos temen la carencia, han llevado a sus seguidores a creer que una décima parte de sus ingresos deben ser dados al Señor. Lo que significa, como lo dejan muy en claro, que cuando uno da una décima parte de sus ingresos a su organización particular está dando su "décima parte" al Señor (o está diezmando). Pero recuerda, "Yo Soy el Señor". Tu conciencia de ser es el Dios al que das, y siempre das de esa manera.

Por lo tanto, cuando afirmas que eres algo, has dado esa afirmación o cualidad a Dios. Y tu conciencia de ser, que no hace acepción de personas, volverá a ti "en buena medida, apretada, remecida y rebosando", con esa cualidad o atributo que afirmas para ti.

La conciencia de ser no es nada que puedas nombrar. Afirmar que Dios es rico; que es grande; que es amor; que es todo sabiduría; es definir lo que no puede ser definido. Porque Dios no es nada que pueda ser nombrado. Diezmar es necesario, y diezmas con Dios. Pero, de ahora en adelante, dale al único Dios y procura darle la cualidad que deseas expresar como persona, afirmando que tú eres el grande, el rico, el amado, el sabio.

No especules sobre cómo expresarás estas cualidades o demandas, porque la vida tiene maneras que tú, como humano, no conoces. Sus maneras son imposibles de descubrir. Pero te aseguro que el día que afirmes estas cualidades hasta el punto de la convicción, tus afirmaciones serán cumplidas. No hay nada cubierto que no sea descubierto. Lo que es pronunciado en secreto será proclamado por los tejados. Es decir, tus convicciones secretas de ti mismo, estas afirmaciones secretas que nadie conoce, cuando realmente sean creídas, serán proclamadas por los tejados en tu mundo. Porque tus convicciones de ti mismo son las palabras del Dios que hay dentro de ti, palabras que son espíritu y no pueden volver a ti vacías, sino que deben cumplir aquello para lo que han sido enviadas.

En este preciso momento tú estás llamando desde lo infinito aquello que ahora eres consciente de ser. Y ninguna palabra o convicción dejará de encontrarte.

"Yo Soy la vid y ustedes son las ramas"
(Juan 15:5).

La conciencia es la "vid" y esas cualidades que ahora eres consciente de ser son como "ramas" que alimentas y mantienes vivas. Así como una rama no tiene vida a menos que esté enraizada en la vid, del mismo modo las cosas no tienen vida a menos que seas consciente de ellas. Al igual que una rama se marchita y muere si la savia de la vid deja de fluir hacia ella, así las cosas de tu mundo se marchitan si apartas tu atención de ellas, porque tu atención es como la savia de la vida que mantiene vivas y sostiene las cosas de tu mundo.

Para resolver un problema que ahora te parece tan real, lo único que tienes que hacer es apartar tu atención de él. A pesar de su aparente realidad, apártate de él en conciencia. Vuélvete indiferente y comienza a sentirte como aquello que sería la solución del problema. Por ejemplo: si estuvieras en prisión, nadie tendría que decirte que debes desear la libertad. La libertad, o más bien el deseo de libertad, sería automático. Entonces, ¿por qué mirar detrás de las cuatro paredes de los barrotes de tu prisión? Retira tu atención de la prisión y empieza a sentirte libre. Siéntelo hasta el punto en que sea natural. En el mismo instante en que lo hagas, los barrotes de la prisión se disolverán. Aplica este mismo principio para cualquier problema.

He visto a personas que estaban endeudadas hasta las orejas aplicar este principio y en un abrir y cerrar de ojos, deudas montañosas fueron eliminadas. He visto a aquellos a quienes los médicos habían dado por incurables apartar su atención del problema de la enfermedad y han comenzado a sentirse como si estuvieran sanos, a pesar de que las evidencias de sus sentidos demostraban lo contrario. En muy poco tiempo, esa supuesta "enfermedad incurable" desapareció y no dejó ninguna marca.

Tu respuesta a la pregunta: "¿Quién dices que Soy Yo?" siempre determina tu expresión. Mientras seas consciente de estar encarcelado, o enfermo, o de ser pobre, seguirás representando o expresando estas condiciones.

Cuando el individuo se da cuenta de que ya es aquello que busca, y empiece a afirmar que lo es, tendrá la prueba de su afirmación. Esta señal se te da en las palabras:

«¿A quién buscan?». «A Jesús el Nazareno», le respondieron. Él les dijo: «Yo soy».
(Juan 18:4-5)

Aquí, "Jesús" significa salvación o salvador. Tú estás buscando ser salvado de aquello que es tu problema. "Yo Soy" es aquel que te salvará. Si tienes hambre, tu salvador es la comida. Si eres pobre, tu salvador es la riqueza. Si estás encarcelado, tu salvador es la libertad. Si estás enfermo, no será un hombre llamado Jesús quien te salve, sino que la salud se convertirá en tu salvador. Por lo tanto, afirma "Yo soy la salud", en otras palabras, afirma que tú eres la cosa deseada. Afírmalo en conciencia, no simplemente con palabras, y la conciencia te recompensará con tu afirmación.

Se te dice: "Me encontrarán, cuando me busquen de todo corazón". Bueno, siente esa cualidad en la conciencia, hasta que te sientas que la eres. Cuando te pierdes en el sentimiento de serla, la cualidad se encarnará en tu mundo.

Eres sanado de tu problema cuando tocas la solución del mismo.

"Alguien me tocó, porque me di cuenta de que había salido poder de mí" (Lucas 8:46).

Sí, el día que toques este ser dentro de ti, sintiéndote curado o sanado, el poder saldrá de tu propio ser y se solidificará en tu mundo como sanación.

Se dice: "Cree en Dios. Cree también en mí, porque Yo soy él". Ten la fe de Dios. "Él se hizo uno con Dios y no encontró que era robo hacer las obras de Dios". Ve y haz lo mismo. Sí, empieza a creer que tu conciencia, tu conciencia de ser, es Dios. Afirma para ti mismo todos los atributos que hasta ahora has dado a un Dios externo y comenzarás a expresar estas afirmaciones. Porque no soy un Dios lejano. Estoy más cerca que tus manos y tus pies, más cerca que tu misma respiración. Yo soy tu conciencia de ser. Yo soy aquello en lo que comenzará y terminará toda conciencia de ser. "Porque antes que el mundo fuese, Yo Soy; Y cuando el mundo deje de ser, Yo Soy; antes que Abraham fuese, Yo Soy". Este Yo Soy es tu conciencia.

"Si el Señor no edifica la casa, en vano trabajan los que la edifican". (Salmos 127:1)

"El Señor", siendo tu conciencia, a menos que aquello que buscas se establezca primero en tu conciencia, trabajarás en vano para encontrarlo. Todas las cosas deben comenzar y terminar en la conciencia.

Así pues, ciertamente, bienaventurado es el que confía en sí mismo, porque la fe de una persona en Dios se medirá siempre por su confianza en sí misma. "Tú crees en un Dios, cree también en mí". No pongas tu confianza en los demás, porque los demás reflejan el ser que eres, y solo pueden traerte o hacer por ti lo que tú primero has hecho para ti mismo.

"Nadie me quita la vida, sino que la doy libremente. Tengo el derecho de darla y de recibirla de nuevo" (Juan 10:18).

No importa lo que suceda en este mundo, nunca es un accidente. Ocurre bajo la dirección de una ley exacta e inmutable. "Ningún hombre (manifestación) viene a mí a menos que el padre dentro de mí lo traiga", y "Yo y mi padre somos Uno". Cree esta verdad y serás libre.

El individuo siempre ha culpado a los demás por lo que es él, y continuará haciéndolo hasta que se encuentre a sí mismo como la causa de todo. "Yo soy" no viene a destruir, sino a cumplir. "Yo soy" la conciencia dentro de ti, no destruye nada, sino que siempre cumple los moldes o concepciones que uno tiene de sí mismo.

Es imposible que el pobre encuentre riqueza en este mundo, por más que se rodee de ella, mientras primero no se declare rico. Porque las señales siguen, no preceden. Patalear y quejarse constantemente contra las limitaciones de la pobreza mientras se permanece pobre en conciencia es jugar al juego de los tontos. Los cambios no pueden tener lugar desde ese nivel de conciencia, porque la vida está permanentemente exteriorizando todos los niveles.

Sigue el ejemplo del hijo pródigo. Comprende que tú mismo has provocado esta situación de derroche y carencia, y toma la decisión de elevarte a un nivel superior, donde el becerro engordado, el anillo y el manto esperan a que los reclames.

No hubo condenación para el hijo pródigo cuando tuvo el valor de reclamar esta herencia como suya. Los demás nos condenarán solo mientras sigamos en aquello, por lo que nos condenamos a nosotros mismos. Por eso:

"Dichoso el que no se condena a sí mismo en lo que aprueba" (Romanos 14:22).

Porque en la vida nada es condenado. Todo es expresado. A la vida no le importa si te llamas rico o pobre; fuerte o débil. Te recompensará eternamente con aquello que consideres verdadero de ti mismo.

Las medidas de lo correcto y lo incorrecto pertenecen solo al ser humano. Para la vida no hay nada correcto o incorrecto. Como Pablo dijo en sus cartas a los Romanos:

"Yo sé, y estoy convencido en el Señor Jesús, de que nada es inmundo en sí mismo; pero para el que estima que algo es inmundo, para él lo es".

Deja de preguntarte si eres digno o indigno de recibir aquello que deseas. Tú, como ser humano, no creaste el deseo. Tus deseos siempre se forman dentro de ti debido a lo que ahora afirmas ser.

Cuando alguien tiene hambre, (sin pensar) automáticamente desea comida. Cuando es encarcelado, automáticamente desea la libertad, y así sucesivamente. Tus deseos contienen en sí mismos el plan de autoexpresión. Por lo tanto, deja todos los juicios fuera de la imagen, elévate en la conciencia al nivel de tu deseo y hazte uno con él, afirmando que es así ahora.

"Te basta mi gracia, pues mi poder se perfecciona en la debilidad" (2 Corintios 12:9).

Ten fe en esta afirmación invisible hasta que nazca en ti la convicción de que es así. Tu confianza en esta afirmación te dará grandes recompensas. Solo un poco de tiempo y las cosas deseadas vendrán. Pero, sin fe, es imposible realizar nada. Por medio de la fe los mundos fueron enmarcados.

"La fe es la sustancia de las cosas que se esperan, la evidencia de las cosas que no se ven".
(Hebreos 11:1).

No te inquietes ni te preocupes por los resultados. Vendrán con la misma seguridad que el día sigue a la noche. Considera tus deseos —todos ellos— como las palabras de Dios, y cada palabra o deseo como una promesa.

La razón por la que la mayoría de nosotros no realizamos nuestros deseos es porque los condicionamos constantemente. No condiciones tu deseo. Solo acéptalo tal como viene a ti. Da las gracias por él hasta el punto de sentirte agradecido por haberlo recibido, y luego sigue tu camino en paz.

Esta aceptación de tu deseo es como dejar caer una semilla, una semilla fértil, en un terreno preparado. Porque cuando puedes dejar caer la cosa deseada en la conciencia, confiando en que aparecerá, has hecho todo lo que se espera de ti. Sin embargo, preocuparse o inquietarse acerca de la forma en que tu deseo puede madurar, es mantener estas semillas fértiles en un agarre mental y, por lo tanto, nunca haberlas dejado caer en el suelo de la confianza.

La razón por la que las personas condicionan sus deseos es porque juzgan constantemente según la apariencia del ser y ven las cosas como reales, olvidando que la única realidad es la conciencia que hay detrás de ellas.

Ver las cosas como reales es negar que todas las cosas son posibles para Dios. El hombre que está encarcelado y ve sus cuatro paredes como reales está negando automáticamente el deseo, o la promesa de Dios dentro de él, de libertad.

Una pregunta que se hace a menudo, cuando se hace esta declaración es: Si el deseo de uno es un regalo de Dios, ¿cómo puedes decir que, si uno desea matar a alguien, tal deseo es bueno y, por lo tanto, enviado por Dios? En respuesta a esto, permíteme decir que nadie desea matar a otro. Lo que desea es liberarse de esa persona. Pero como no cree que el deseo de liberarse de esa persona contenga en sí mismo los poderes de la libertad, condiciona ese deseo y considera que la única manera de expresar esa libertad es destruir a ese individuo; olvidando que la vida envuelta en el deseo tiene maneras que él, como individuo, no conoce. Sus maneras son imposibles de descubrir. Así, las personas distorsionan los regalos de Dios por su falta de fe.

Los problemas son las montañas de las que se habla, que pueden ser removidas si uno tiene la fe de un grano de mostaza. La gente aborda sus problemas como lo hizo la anciana que, al asistir a un servicio religioso, escuchó al sacerdote decir: "Si tuvieras la fe de un grano de mostaza, dirías a aquella montaña: 'Quítate', y se quitaría, y nada te sería imposible". Aquella noche, mientras rezaba sus oraciones, citó esta parte de las Escrituras y se retiró a la cama con lo que ella consideraba que era fe. Al levantarse por la mañana, corrió a la ventana y exclamó: "Sabía que esa vieja montaña seguiría allí".

Es así es como la gente aborda sus problemas. Sabe que van a seguir enfrentándose a ellos. Y, puesto que la vida no hace acepción de personas y no destruye nada, sigue manteniendo vivo lo que es consciente de ser.

Las cosas solo desaparecerán cuando se produzca un cambio de conciencia. Niégalo, si quieres, seguirá siendo un hecho que la conciencia es la única realidad y las cosas no son más que el reflejo de lo que eres en conciencia.

Por lo tanto, el estado celestial que estás buscando solo se encontrará en la conciencia, porque el reino de los cielos está dentro de ti.

Puesto que la voluntad del cielo siempre se cumple en la tierra, hoy vives en el cielo que has establecido dentro de ti. Porque aquí, en esta misma tierra, tu cielo se revela. El reino de los cielos está realmente cerca. Ahora es el tiempo aceptado. Entonces, crea un nuevo cielo, entra en un nuevo estado de conciencia y una nueva tierra aparecerá.

"No volverán a mencionarse las cosas pasadas, ni se traerán a la memoria." (Isaías 65:17).

"Por tanto, Yo (tu conciencia) vengo pronto, y mi recompensa está conmigo".
(Apocalipsis 22:12)

Yo no tengo nombre, pero tomaré sobre mí todo nombre (naturaleza) que tú me llames. Recuerda que eres tú, tú mismo, de quien hablo como "yo". Así, cada concepto que tengas de ti mismo, es decir, toda convicción profunda que tengas de ti mismo, es lo que aparecerás siendo, porque yo no soy engañado; Dios no es burlado.

Ahora, déjame instruirte en el arte de la pesca. Se dice que los discípulos estuvieron pescando toda la noche y no atraparon nada. Entonces, Jesús entró en escena y les dijo que echaran las redes una vez más, en las mismas aguas que apenas un momento antes estaban estériles, y esta vez sus redes quedaron repletas de peces.

Esta historia está teniendo lugar en el mundo de hoy, justo dentro de ti, lector. Porque tienes dentro de ti todos los elementos necesarios para salir a pescar. Pero mientras no descubras que Jesucristo, (tu conciencia) es el Señor, pescarás, como lo hicieron estos discípulos, en la noche de la oscuridad humana. Es decir, saldrás de pesca buscando cosas, pensando que son reales y pescarás con el cebo humano, que es lucha y esfuerzo, tratando de entrar en contacto con este y aquel; tratando de coaccionar a este ser o al otro, y todo ese esfuerzo será en vano. Pero cuando descubras que tu conciencia de ser es Jesucristo, dejarás que él dirija tu pesca. Y pescarás en la conciencia las cosas que deseas. Tu deseo será el pez que atraparás, porque tu conciencia es la única realidad viviente que pescarás en las profundas aguas de la conciencia.

Si quieres atrapar aquello que está más allá de tu capacidad actual, debes lanzarte hacia aguas más profundas, porque dentro de tu presente conciencia tales peces o deseos no pueden nadar. Para lanzarte hacia aguas más profundas, debes dejar atrás todo lo que es ahora tu problema actual o limitación, apartando tu atención de ello. Dale la espalda completamente a cada problema y limitación que ahora posees.

Permanece en el simple hecho de ser diciéndote a ti mismo: "Yo Soy", "Yo Soy", "Yo Soy". Continúa declarándote a ti mismo que simplemente eres. No condiciones esta declaración, solo continúa sintiendo que eres y, sin darte cuenta, te encontrarás soltando el ancla que te ataba a lo superficial de tus problemas y moviéndote hacia lo profundo.

Generalmente, esto va acompañado de una sensación de expansión. Sentirás que te expandes como si realmente estuvieras creciendo. No tengas miedo, pues se requiere coraje. No vas a morir a nada más que a tus antiguas limitaciones, pero estas van a morir a medida que te alejas de ellas, porque solo viven en tu conciencia. En esta conciencia profunda o expandida encontrarás que eres un poder que nunca había soñado antes.

Las cosas que deseabas antes de alejarte de las orillas de la limitación son los peces que vas a pescar en esta profundidad. Debido a que has perdido toda conciencia de tus problemas y barreras, ahora es la cosa más fácil del mundo sentir que eres uno con las cosas deseadas.

Porque Yo Soy (tu conciencia) es la resurrección y la vida, debes unir este poder resucitador que eres a la cosa deseada si quieres hacerla aparecer y vivir en tu mundo. Ahora empieza a asumir la naturaleza de la cosa deseada sintiendo: "Yo Soy rico"; "Yo Soy libre"; "Yo Soy fuerte". Cuando este "sentir" se ha fijado en tu interior, tu ser sin-forma tomará sobre sí las formas de las cosas sentidas. Tú estás "crucificado" sobre los sentimientos de riqueza, libertad y fuerza. Permanece sepultado en la quietud de estas convicciones. Entonces, como un ladrón en la noche, y cuando menos lo esperes, estas cualidades resucitarán en tu mundo como realidades vivas.

El mundo te tocará y verá que eres de carne y hueso, porque comenzarás a dar frutos de la naturaleza de estas cualidades recién apropiadas. Este es el arte de pescar con éxito las manifestaciones de la vida.

La exitosa realización de aquello que se desea también se nos cuenta en la historia de Daniel en el foso de los leones. Aquí, se registra que Daniel, mientras estaba en el foso de los leones, dio la espalda a los leones y miró hacia la luz que venía de arriba; los leones permanecieron impotentes y la fe de Daniel en su Dios lo salvó.

Esta también es tu historia, y tú también debes hacer lo que hizo Daniel. Si te encontraras en la guarida de los leones no tendrías otra preocupación que los leones. No estarías pensando en ninguna otra cosa en el mundo, más que en tu problema —y ese problema serían los leones. Sin embargo, se nos dice que Daniel les dio la espalda y miró hacia la luz que era su Dios. Si siguiéramos el ejemplo de Daniel, mientras estamos prisioneros en la guarida de la pobreza o la enfermedad, apartaríamos nuestra atención de nuestros problemas de deudas o enfermedad y nos detendríamos en lo que buscamos. Si no miramos hacia atrás en la conciencia de nuestros problemas, sino que continuamos en la fe, creyendo que nosotros mismos somos aquello que buscamos, también encontraremos las paredes de la prisión abiertas y la cosa deseada —sí, cualquier cosa— será manifestada.

También se nos cuenta otra historia: la de la viuda y las tres gotas de aceite. El profeta le preguntó a la viuda: "¿Qué tienes en tu casa?" Y ella respondió: "Tres gotas de aceite". Él le dijo, "pide algunas vasijas prestadas. Cuando regreses a casa, cierra la puerta y comienza a llenarlas". Y de esas tres gotas de aceite, ella vertió en todas las vasijas prestadas, llenándolas a toda su capacidad y aún sobró aceite.

Tú, lector, eres esta viuda. No tienes marido que te fecunde ni te haga fructificar, pues "viuda" es un estado estéril. Tu conciencia es ahora el Señor, o el profeta que se ha convertido en tu marido. Sigue el ejemplo de la viuda que, en lugar de reconocer un vacío o la nada, reconoció algo: tres gotas de aceite.

A continuación se le ordena: "Entra y cierra la puerta," es decir, cierra la puerta de los sentidos que te hablan sobre las medidas vacías, de las deudas, de los problemas. Cuando hayas alejado completamente tu atención cerrando la evidencia de los sentidos, comienza a sentir la

35

dicha (simbolizada por el aceite) de haber recibido las cosas deseadas.

Cuando se establezca el acuerdo dentro de ti, de manera que todas las dudas y miedos hayan desaparecido, entonces, tú también llenarás todas las medidas vacías de tu vida y tendrás una gran abundancia.

El reconocimiento es el poder que convoca en el mundo. Cada estado que has reconocido, lo has encarnado. Lo que estás reconociendo como verdadero en ti hoy es lo que estás experimentando. Así que, sé como la viuda y reconoce la alegría, no importa cuán pequeño sea el comienzo del reconocimiento, y serás generosamente recompensado, porque el mundo es un espejo magnificado, magnificando todo lo que eres consciente de ser.

"Yo soy el Señor tu Dios, que te saqué de la tierra de Egipto, de la casa de servidumbre. No tendrás otros dioses delante de mí".
(Éxodo 20:2-3)

¡Qué gloriosa revelación, tu conciencia ahora revelada como el Señor tu Dios! Ven, despierta de tu sueño de ser prisionero. Date cuenta de que "la tierra es tuya y su plenitud; el mundo y todos los que habitan en él".

Te has enredado tanto en la creencia de que eres humano, que has olvidado el glorioso Ser que eres. Ahora, con tu memoria restaurada decreta que lo invisible aparezca y aparecerá, porque todas las cosas están obligadas a responder a la Voz de Dios, tu conciencia de ser —El mundo está... ¡A tus Órdenes!

LIBERTAD
PARA TODOS

Aplicación Práctica de la Biblia

NEVILLE

CONTENIDOS

PRÓLOGO

La opinión pública no admitirá por mucho tiempo una teoría que no funciona en la práctica. Hoy, probablemente más que nunca, las personas exigen pruebas de la verdad, incluso de su ideal más elevado. Para obtener la máxima satisfacción, el individuo debe encontrar un principio que sea para él una forma de vida, un principio que pueda experimentar como verdadero.

Creo que he descubierto ese principio en la más grande de las escrituras sagradas, la Biblia. Obtenido de mi propia iluminación mística, este libro revela la verdad oculta en las historias del antiguo y del nuevo testamento.

Brevemente, el libro afirma que la conciencia es la única realidad, que la conciencia es la causa y la manifestación es el efecto. Llama la atención del lector sobre este hecho constantemente, para que el lector pueda mantener siempre lo primordial.

Habiendo establecido las bases de que un cambio de conciencia es esencial para provocar cualquier cambio de expresión, este libro explica al lector una docena de maneras diferentes de provocar dicho cambio de conciencia. Este es un principio realista y constructivo que funciona. Si se aplica la revelación que contiene, te hará libre.

Neville.

CAPÍTULO 1

LA UNIDAD DE DIOS

Escucha, Oh Israel: El Señor nuestro Dios es un solo Señor.

Escucha, Oh Israel:

Escucha, Oh, hombre hecho de la misma sustancia de Dios:

¡Tú y Dios son uno e indivisible!

El hombre, el mundo y todo lo que hay en el son estados condicionados del único incondicionado, Dios.

Tú eres éste único;

Tú eres Dios condicionado como hombre.

Todo lo que crees que Dios es, tú lo eres;

Pero tú nunca sabrás que esto es cierto

mientras no dejes de declararlo como si fuera otro,

Y reconozcas que este aparente otro, eres tú mismo.

Dios y el hombre,

espíritu y materia,

lo sin-forma y lo formado,

el creador y la creación,

la causa y el efecto,

tu Padre y tú son Uno.

Este uno, en quien todos los estados condicionados viven y se mueven y tienen su ser,

es tu Yo Soy,

Tu conciencia incondicionada.

La conciencia incondicionada es Dios, la única realidad. Por conciencia incondicionada me refiero a un sentido de conciencia; un sentido de saber que Soy, diferente de saber quién soy; la conciencia de ser, separada de aquello de lo que soy consciente de ser.

Yo Soy consciente de ser un hombre, pero no necesito ser un hombre para ser consciente de ser. Antes de hacerme consciente de ser alguien, Yo, la conciencia incondicionada, era consciente de ser, y esta conciencia no depende de ser alguien. Yo Soy autoexistente, conciencia incondicionada; me hice consciente de ser alguien, y me haré consciente de ser otro distinto de quien ahora soy consciente de ser; pero Yo Soy eternamente consciente de ser, tanto si soy incondicionado sin forma como si soy forma condicionada.

Como estado condicionado, Yo (el hombre), podría olvidar quién soy, o dónde estoy, pero no puedo olvidar que Soy. Este saber que Yo Soy, esta conciencia de ser, es la única realidad.

Esta conciencia incondicionada, el Yo Soy, es esa realidad conocedora en la que todos los estados condicionados —conceptos de mí mismo— comienzan y terminan, pero que siempre permanece como el conocedor desconocido cuando todo lo conocido deja de ser.

Todo lo que he creído ser, todo lo que ahora creo ser y todo lo que creeré que seré, no son más que intentos de conocerme a mí mismo, la desconocida e indefinida realidad.

Este conocedor desconocido, o conciencia incondicionada, es mi verdadero ser, la única realidad. Yo Soy la realidad incondicionada, condicionada como aquello que creo ser. Yo Soy el creyente limitado por mis creencias, el conocedor definido por lo conocido. El mundo es mi conciencia condicionada, materializada.

Lo que siento y creo que es verdad de mí mismo está ahora proyectado en el espacio como mi mundo. El mundo —mi yo reflejado— siempre da testimonio del estado de conciencia en el que vivo.

No hay casualidad o accidente responsable de las cosas que me suceden o del entorno en el que me encuentro. Tampoco es el destino predestinado el autor de mis fortunas o desgracias. La inocencia y la culpa son simples palabras que no significan nada para la ley de la conciencia, excepto en la medida en que reflejan el estado de conciencia mismo.

La conciencia de culpa llama a la condenación. La conciencia de carencia produce pobreza. El individuo eternamente materializa el estado de conciencia en el que permanece, sin embargo, de alguna manera se ha confundido en la interpretación de la ley de causa y efecto. Ha olvidado que el estado interno es la causa de la manifestación externa, «como es adentro, así es afuera» ("Correspondencia", el segundo de Los Siete Principios de Hermes Trismegisto) y en su olvido, cree que un Dios externo tiene sus propias razones particulares para hacer las cosas, y que tales razones están más allá de la comprensión humana; o cree que la gente está sufriendo a causa de errores pasados que han sido olvidados por la mente consciente; o que el ciego azar desempeña el papel de Dios.

Un día, las personas se darán cuenta de que su propio Yo Soy es el Dios que han estado buscando a lo largo de los siglos, y que su propio sentido de conciencia —su conciencia de ser— es la única realidad.

Lo que más le cuesta comprender al individuo es esto: Que el "Yo Soy" en sí mismo es Dios. Es su verdadero ser, o estado Padre, el único estado del que puede estar seguro. El Hijo, su concepto de sí mismo, es una ilusión. Él siempre sabe que es, pero aquello que es, es una ilusión creada por él mismo (el Padre) en un intento por autodefinirse.

Este descubrimiento revela que todo lo que he creído que Dios es, Yo Soy.

"Yo soy la resurrección y la vida" (Juan 11:25), esta es una afirmación relativa a mi conciencia, ya que mi conciencia resucita o hace visiblemente vivo lo que yo soy consciente de ser.

"Yo soy la puerta... Todos los que vinieron antes de mí son ladrones y salteadores" (Juan 10:7-8).

Esto me muestra que mi conciencia es la única entrada al mundo de la expresión, que asumir la conciencia de ser o poseer aquello que deseo ser o poseer es la única manera en que puedo serlo o poseerlo; que cualquier intento por expresar este estado deseado por otros medios que no sean asumiendo la conciencia de serlo o poseerlo, es ser despojado de la alegría de la expresión y la posesión.

"Yo Soy el principio y el fin"
(Revelaciones 1: 8; Revelaciones 22:13)

Esto revela mi conciencia como la causa del nacimiento y la muerte de toda expresión.

"Yo Soy me ha enviado" (Éxodo 3: 14).

Revela que mi conciencia es el Señor que me envía al mundo a imagen y semejanza de aquello que soy consciente de ser para vivir en un mundo compuesto por todo lo que soy consciente de ser.

"Yo soy el Señor, y no hay ningún otro; fuera de mí no hay Dios" (Isaías 45: 5).

Declara que mi conciencia es el único Señor y que fuera de mi conciencia no hay Dios.

"Quédense quietos y sepan que yo soy Dios"
(Salmo 46:10)

Significa que debo aquietar la mente y saber que esa conciencia es Dios.

"No tomarás el nombre del Señor tu Dios en vano"
(Éxodo 20:7).

"Yo Soy el Señor, ese es mi Nombre" (Isaías 42:8).

Ahora que has descubierto que tu Yo Soy, que tu conciencia es Dios, no afirmes como verdad de ti mismo, nada que no afirmarías como verdad de Dios, porque al definirte a ti mismo, estás definiendo a Dios. Aquello que eres consciente de ser, es aquello con lo que has nombrado a Dios.

Dios y el ser humano son uno. Tú y tu Padre son uno. Tu conciencia incondicionada, o Yo Soy, y aquello que eres consciente de ser, son Uno.

El que concibe y la concepción son uno. Si el concepto que tienes de ti mismo es inferior a lo que afirmas que es verdad de Dios, has robado a Dios el Padre, (véase Filipenses 2:6), porque tú (el Hijo o concepción) das testimonio del Padre o el que concibe. No tomes en vano el mágico nombre de Dios, Yo Soy, porque no serás considerado sin culpa; debes expresar todo lo que afirmas ser.

Nombra a Dios definiéndote conscientemente como tu más alto ideal.

CAPÍTULO 2

EL NOMBRE DE DIOS

No se puede afirmar con demasiada frecuencia que la conciencia es la única realidad, porque esta es la verdad que libera a la humanidad.

Este es el fundamento sobre el que descansa toda la estructura de la literatura bíblica. Los relatos de la Biblia son todos revelaciones místicas escritas en un simbolismo oriental que revela al intuitivo el secreto de la creación y la fórmula de escape. La Biblia es el intento del individuo por expresar con palabras la causa y la manera de la creación. Él descubrió que su conciencia era la causa o el creador de su mundo, entonces procedió a contar la historia de la creación en una serie de relatos simbólicos que hoy conocemos como la Biblia.

Para entender este grandioso libro, se requiere un poco de inteligencia y mucha intuición —inteligencia suficiente para poder leer el libro, e intuición suficiente para interpretar y comprender lo que se lee.

Te preguntarás por qué la Biblia fue escrita de forma simbólica. ¿Por qué no se escribió en un estilo claro y sencillo para que todos los que la leyeran pudieran entenderla? A estas preguntas respondo que todas las personas hablan simbólicamente a esa parte del mundo que difiere de la suya.

El lenguaje de occidente es claro para nosotros los occidentales, pero es simbólico para los orientales; y viceversa. Un ejemplo de esto lo encontramos en esta instrucción del oriental: "Si tu mano te hace pecar, córtala" (Marcos 9: 43). Él habla de la mano, no como la mano del cuerpo, sino como cualquier forma de expresión, y con ello te advierte que te apartes de esa expresión en tu mundo que te resulta agraviante. Al mismo tiempo, la persona de Occidente podría engañar involuntariamente a la de Oriente diciendo: "Este banco está en las rocas". Pues la expresión "en las rocas" para el occidental equivale a la quiebra, mientras que una roca para un oriental es símbolo de fe y seguridad.

> "Por tanto, cualquiera que oye estas palabras mías y las pone en práctica, será semejante a un hombre sabio que edificó su casa sobre roca; y cayó la lluvia, vinieron los torrentes, soplaron los vientos y azotaron aquella casa; pero no se cayó, porque había sido fundada sobre roca" (Mateo 7: 24-25).

Para entender realmente el mensaje de la Biblia debes tener en cuenta que fue escrita por la mente oriental y, por lo tanto, no puede ser tomada literalmente por los occidentales. Biológicamente, no existe diferencia entre oriente y occidente. El amor y el odio son iguales; el hambre y la sed son iguales; la aspiración y el deseo son iguales; pero la técnica de expresión es enormemente diferente.

Si quieres desvelar el secreto de la Biblia, lo primero que debes descubrir es el significado del nombre simbólico del creador, conocido por todos como Jehová. Esta palabra "Jehová" está compuesta por las cuatro letras hebreas —Yod He Vau He. Todo el secreto de la creación está escondido en este nombre.

La primera letra, Yod, representa el estado absoluto o conciencia incondicionada; el sentido de conciencia indefinida; esa inclusividad total de la que procede toda creación o estado de conciencia condicionado.

En la terminología actual, Yod es: Yo Soy, o conciencia incondicionada.

La segunda letra, He, representa al único Hijo engendrado, un deseo, un estado imaginado. Simboliza una idea; un estado subjetivo definido o una imagen mental clarificada.

La tercera letra, Vau, simboliza el acto de unificar o juntar al que concibe (Yod), la conciencia que desea, con la concepción (He), el estado deseado, para que quien concibe y la concepción se conviertan en uno.

Fijar un estado mental, definirte conscientemente como el estado deseado, impresionar en ti mismo el hecho de que ahora eres aquello que has imaginado o concebido como tu objetivo, es la función de Vau. Clava o une la conciencia que desea con la cosa deseada. El proceso de cementar o unir es logrado subjetivamente al sentir la realidad de aquello que todavía no ha sido materializado.

La cuarta letra, He, representa la materialización de este acuerdo subjetivo. El Yod He Vau, hace a la persona o al mundo manifestado (HE), a imagen y semejanza de sí mismo, el estado subjetivo consciente. Por lo tanto, la función de la He final es la de atestiguar objetivamente el estado subjetivo: Yod He Vau.

La conciencia condicionada continuamente está manifestándose en la pantalla del espacio. El mundo es la imagen y semejanza del estado consciente subjetivo que lo creó.

El mundo visible no puede hacer nada por sí mismo; solo da testimonio de su creador, el estado subjetivo. Es el Hijo visible (He) dando testimonio de su Padre, Hijo y Madre invisibles —Yod He Vau— una Santa Trinidad que solo puede ser vista cuando se hace visible como persona o manifestación.

Tu conciencia incondicionada (Yod) es tu Yo Soy que visualiza o imagina un estado deseado (He), y luego se hace consciente de ser ese estado imaginado al sentir y creer ser el estado imaginado. La unión consciente entre tú, quien desea, y aquello que deseas ser, se hace posible a través del Vau, o tu capacidad de sentir y creer.

Creer es simplemente vivir en el sentimiento de realmente ser el estado imaginado —asumiendo la conciencia de ser el estado deseado. El estado subjetivo, simbolizado como Yod He Vau, se materializa entonces como He, completando así el misterio del nombre del creador y su naturaleza, Yod He Vau He (Jehová).

Yod, es ser consciente; He, es ser consciente de algo; Vau, es ser consciente como, o ser consciente de ser aquello de lo que solo eras consciente. El segundo He es tu mundo visible, materializado, que está hecho a imagen y semejanza del Yod He Vau, o aquello de lo que eres consciente de ser.

"Y dijo Dios: Hagamos al hombre a nuestra imagen, conforme a nuestra semejanza" (Génesis 1: 26). Hagamos, Yod He Vau, la manifestación objetiva, (He), a nuestra imagen, la imagen del estado subjetivo.

El mundo es la semejanza objetiva del estado consciente subjetivo en el que habita la conciencia.

Esta comprensión de que la conciencia es la única realidad es el fundamento de la Biblia.

Las historias de la Biblia son intentos por revelar los secretos de la creación en lenguaje simbólico, además de mostrar al individuo la única fórmula para escapar de todas sus propias creaciones.

Este es el verdadero significado del nombre de Jehová, el nombre por el que "están hechas todas las cosas, y sin el cual nada de lo que ha sido hecho fue hecho".

Primero, eres consciente. Luego te haces consciente de algo. Después, te haces consciente de ser aquello de lo que eras consciente. Entonces, contemplas objetivamente aquello que eres consciente de ser.

CAPÍTULO 3

LA LEY DE LA CREACIÓN

Tomemos una de las historias de la Biblia y veamos cómo los profetas y escritores de la antigüedad revelaron la historia de la creación mediante este extraño simbolismo oriental.

Todos conocemos la historia del Arca de Noé; que Noé fue elegido para crear un nuevo mundo después de que el mundo fuera destruido por el diluvio.

La Biblia nos cuenta que Noé tenía tres hijos: Sem, Cam y Jafet (Génesis 6: 10).

El primer hijo se llama Sem, que significa nombre. Cam, el segundo hijo, significa cálido, vivo. El tercer hijo se llama Jafet, que significa extensión. Observarás que Noé y sus tres hijos, Sem, Cam y Jafet, contienen la misma fórmula de la creación que contiene el nombre divino de Yod He Vau He.

Noé, el Padre, el que concibe, el constructor de un nuevo mundo, equivale al Yod, o conciencia incondicionada, Yo Soy. Tu deseo es Sem, aquello de lo que eres consciente, aquello que nombras y defines como tu objetivo, y equivale a la segunda letra en el nombre divino (He). Cam es el estado cálido y vivo del sentimiento, el cual une o junta la conciencia que desea y la cosa deseada y, por lo tanto, equivale a la tercera letra en el nombre Divino, el Vau. El último hijo, Jafet, significa extensión, es el estado extendido o materializado dando testimonio del estado subjetivo, y equivale a la última letra del nombre divino, HE.

Tú eres Noé, el conocedor, el creador. Lo primero que engendras es una idea, un impulso, un deseo, la palabra, o tu primer hijo, Sem (nombre).

Tu segundo hijo, Cam (cálido, vivo) es el secreto del sentimiento mediante el cual te unes subjetivamente a tu deseo para que tú, la conciencia que desea, seas consciente de ser o poseer la cosa deseada.

Tu tercer hijo, Jafet, es la confirmación, la prueba visible de que conoces el secreto de la creación. Él es el estado extendido o materializado, dando testimonio del estado invisible o subjetivo en el que habitas.

En la historia de Noé se registra que Cam vio los secretos de su Padre (Génesis 9: 22) y, a causa de dicho descubrimiento, fue obligado a servir a sus hermanos, Sem y Jafet (Génesis 9: 25). Cam, o el sentimiento, es el secreto del Padre, tu Yo Soy, porque a través del sentimiento la conciencia que desea se une a la cosa deseada.

La unión consciente o el matrimonio místico solo es posible a través del sentimiento. Es el sentimiento el que realiza esta unión celestial del Padre y el Hijo, Noé y

Sem, la conciencia incondicionada y la conciencia condicionada.

Al realizar este servicio, el sentimiento automáticamente sirve a Jafet, el estado extendido o expresado, pues no puede haber expresión objetiva si no hay primero una impresión subjetiva.

Sentir la presencia de la cosa deseada, reconocer subjetivamente un estado, impresionando en ti un estado consciente definido a través del sentimiento, es el secreto de la creación.

Tu presente mundo materializado es Jafet, el cual se hizo visible por Cam. Por lo tanto, Cam sirve a sus hermanos, Sem y Jafet, pues sin el sentimiento simbolizado en Cam, la idea o cosa deseada (Sem) no podría hacerse visible como Jafet.

La capacidad de sentir lo invisible, la capacidad de reconocer y hacer realidad un estado subjetivo definido a través del sentimiento, es el secreto de la creación, el secreto por el cual la palabra o el deseo invisible se hace visible, "se hace carne" (Juan 1: 14).

"Y Dios llama a las cosas que no son, como si fueran" (Romanos 4: 17).

La conciencia llama a las cosas que no se ven como si se vieran, y lo hace primero definiéndose como aquello que desea expresar, y segundo permaneciendo dentro del estado definido hasta que lo invisible se hace visible.

Aquí está el perfecto funcionamiento de la ley según la historia de Noé. En este mismo momento eres consciente de ser. Esta conciencia de ser, este saber que eres, es Noé, el creador.

Ahora, con la identidad de Noé establecida como tu propia conciencia de ser, nombra algo que te gustaría poseer o expresar; define algún objetivo (Sem), y con tu deseo claramente definido, cierra los ojos y siente que ya lo tienes o que ya lo estás expresando.

No te preguntes cómo se puede conseguir; simplemente siente que ya lo tienes. Asume la actitud mental que tendrías si ya estuvieras en posesión de aquello, para que sientas que ya está hecho. Sentir es el secreto de la creación.

Sé tan sabio como Cam y haz este descubrimiento para que tú también tengas la alegría de servir a tus hermanos Sem y Jafet; la alegría de hacer carne, la palabra o el nombre.

CAPÍTULO 4

EL SECRETO DE SENTIR

El secreto de sentir o la llamada de lo invisible a los estados visibles está bellamente relatado en la historia de Isaac bendiciendo a su segundo hijo, Jacob, por la creencia, basada únicamente en el sentir, de que estaba bendiciendo a su primer hijo Esaú (Génesis 27: 1-35).

Está registrado que Isaac, que era viejo y ciego, sintió que estaba a punto de dejar este mundo y deseando bendecir a su primer hijo Esaú antes de morir, envió a Esaú a cazar un venado con la promesa de que a su regreso de la cacería recibiría la bendición de su padre.

Ahora bien, Jacob, que deseaba la primogenitura o el derecho de nacimiento, por medio de la bendición de su padre, escuchó la petición de venado de su padre ciego y su promesa a Esaú. Así que, mientras Esaú iba a cazar el venado, Jacob mató y preparó un cabrito del rebaño de su padre.

Colocando las pieles sobre su cuerpo lampiño, para dar la sensación de su peludo y áspero hermano Esaú, llevó el cabrito sabrosamente preparado a su padre ciego Isaac.

Entonces, Isaac, que dependía únicamente de su sentido del tacto, confundió a su segundo hijo, Jacob, con su primer hijo, Esaú, y pronunció su bendición sobre Jacob. Esaú, al regresar de la cacería, se enteró de que su hermano Jacob, de piel suave, lo había suplantado, así que apeló a su padre para que se le hiciera justicia; pero Isaac le respondió y dijo:

"Tu hermano vino con engaño y se ha llevado tu bendición" (Génesis 27: 35).

"He aquí, yo lo he puesto por señor tuyo y le he dado por siervos a todos sus parientes".
(Génesis 27: 37).

La simple decencia humana nos debería decir que esta historia no puede ser tomada literalmente. En alguna parte de este acto traicionero y despreciable de Jacob debe haber un mensaje oculto. El mensaje oculto, la fórmula del éxito escondida en esta historia, fue intuitivamente revelada al escritor de esta manera. Isaac, el padre ciego, es tu conciencia, tu conciencia de ser. Esaú, el hijo peludo, es tu presente mundo objetivo, lo áspero o sensorialmente sentido: el momento presente; el entorno presente; tu concepción actual de ti mismo; en definitiva, el mundo que conoces en razón de tus sentidos objetivos. Jacob, el joven de piel suave, el segundo hijo, es tu deseo o estado subjetivo, una idea aún no encarnada, un estado subjetivo que se percibe y se siente, pero que no se conoce ni se ve objetivamente; un punto en el tiempo y en el espacio removido del presente. En resumen, Jacob es tu objetivo definido. Jacob, el joven de piel suave, o estado subjetivo buscando la encarnación o el derecho de nacimiento, cuando es sentido o bendecido adecuadamente por su padre (cuando es sentido y fijado conscientemente como real) se materializa; y al hacerlo suplanta al peludo y áspero Esaú, o al anterior estado materializado. Dos cosas no pueden ocupar un mismo lugar al mismo tiempo, así que cuando lo invisible se hace visible, el estado anteriormente visible se desvanece.

Tu conciencia es la causa de tu mundo. El estado de conciencia en el que habitas determina el tipo de mundo en el que vives. Tu presente concepto de ti mismo está ahora materializado como tu entorno, y este estado es simbolizado como Esaú, el peludo, el sensorialmente sentido; el primer hijo. Aquello que deseas ser o poseer es simbolizado como tu segundo hijo, Jacob, el joven de piel suave que aún no se ve, pero que es subjetivamente sentido y palpado, y que, si se toca adecuadamente, suplantará a su hermano Esaú, o a tu mundo actual.

Hay que tener siempre presente el hecho de que Isaac, el padre de estos dos hijos, o estados, es ciego. No ve a su hijo Jacob, de piel lisa, solo lo siente. A través del sentido del tacto, cree realmente que Jacob, lo subjetivo, es Esaú, lo real, lo materializado.

No ves tu deseo objetivamente; simplemente lo percibes (lo sientes) subjetivamente. No andas a tientas en el espacio en busca de un estado deseado. Al igual que Isaac, te quedas quieto y mandas a tu primer hijo a cazar retirando tu atención de tu mundo objetivo. Luego, en ausencia de tu primer hijo, Esaú, invitas al estado deseado, tu segundo hijo, Jacob, a acercarse para que puedas sentirlo.

"Te ruego que te acerques para tocarte, hijo mío" (Génesis 27: 21).

Primero, eres consciente de él en tu entorno inmediato; luego lo acercas cada vez más hasta que lo percibes y lo sientes en tu presencia inmediata, de modo que es real y natural para ti.

"Si dos de ustedes se ponen de acuerdo sobre cualquier cosa que pidan aquí en la tierra, les será hecho por mi Padre que está en los cielos" (Mateo 18: 19).

Los dos se ponen de acuerdo a través del sentido del tacto, y el acuerdo se establece en la tierra —se hace objetivo; se hace real.

Los dos que se ponen de acuerdo son Isaac y Jacob — tú y lo que deseas— y el acuerdo se establece únicamente basándose en el sentir.

Esaú simboliza tu mundo presente objetivo, ya sea agradable o no.

Jacob simboliza todos y cada uno de los deseos de tu corazón.

Isaac simboliza tu verdadero ser —con los ojos cerrados al mundo presente— en el acto de sentir y percibir que eres o posees lo que deseas ser o poseer.

El secreto de Isaac —el estado de sentir y percibir— es simplemente el acto de separar mentalmente lo sensorialmente sentido (tu estado físico actual) de lo que no es sensorialmente sentido (aquello que te gustaría ser).

Con los sentidos objetivos firmemente cerrados, Isaac lo hizo; y tú puedes hacer que lo que no es sensorialmente sentido (el estado subjetivo) parezca real o sensorialmente conocido, pues la fe es conocimiento.

Pero no basta con conocer la ley de la autoexpresión, la ley por la que lo invisible se hace visible. Es necesario aplicarla; y este es el método de aplicación:

Primero: Envía de caza a tu primer hijo, Esaú —tu actual mundo objetivo o problema. Esto se logra simplemente cerrando los ojos y apartando tu atención de las limitaciones objetivas. Al alejar tus sentidos de tu mundo objetivo, este se desvanece de tu conciencia o sale de caza.

Segundo: Con tus ojos aún cerrados y tu atención retirada del mundo que te rodea, fija conscientemente el momento y el lugar natural para la realización de tu deseo.

Con tus sentidos objetivos cerrados a tu entorno actual puedes percibir y sentir la realidad de cualquier punto en el tiempo o en el espacio, ya que ambos son psicológicos y pueden ser creados a voluntad. Es de vital importancia que la condición natural de tiempo-espacio de Jacob, es decir, el tiempo y el lugar natural para la realización de tu deseo, se fijen primero en tu conciencia.

Si el domingo es el día en que debe realizarse la cosa deseada, entonces el domingo debe fijarse ahora en la conciencia. Simplemente, comienza a sentir que es domingo hasta que la tranquilidad y la naturalidad del domingo se establezcan conscientemente.

Tenemos asociaciones definidas con los días, las semanas, los meses y las estaciones del año. Muchas veces has dicho: "Hoy parece domingo, o lunes, o sábado; o esto parece primavera, o verano, u otoño, o invierno". Esto debería convencerte de que tienes impresiones definidas y conscientes que asocias con los días, las semanas y las estaciones del año. Entonces, debido a estas asociaciones, puedes seleccionar cualquier tiempo deseable y, recordando la impresión consciente asociada con dicho tiempo, puedes hacer ahora una realidad subjetiva de ese tiempo.

Haz lo mismo con el espacio. Si la habitación en la que está sentado no es la habitación en la que se colocaría o realizaría naturalmente la cosa deseada, siente que estás sentado en la habitación o lugar donde sería natural. Fija conscientemente esta impresión de tiempo y espacio antes de comenzar el acto de percibir y sentir la cercanía, la realidad y la posesión de la cosa deseada. No importa si el lugar deseado está a quince mil kilómetros de distancia o tan solo en la puerta de al lado, debes fijar en la conciencia el hecho de que justo donde estás sentado es el lugar deseado.

Tú no haces un viaje mental; tú colapsas el espacio. Siéntate tranquilamente donde estás y haz que el "allí" sea el "aquí". Cierra los ojos y siente que el mismo lugar donde estás es el lugar deseado; siente y percibe la realidad de ello hasta que te impresiones conscientemente

de este hecho, pues tu conocimiento de este hecho se basa
únicamente en tu percepción subjetiva.

Tercero: En ausencia de Esaú (el problema) y con el
tiempo-espacio natural ya establecido, invitas a Jacob (la
solución) para que venga y llene este espacio —para que
venga y suplante a su hermano.

En tu imaginación mira la cosa deseada. Si no puedes
visualizarla, percibe su aspecto general; contémplala.
Luego, acércala mentalmente. "Acércate, hijo mío, para
que pueda tocarte". Siente su cercanía; siente que está en
tu presencia inmediata; siente su realidad y solidez;
siéntela y obsérvala naturalmente ubicada en la habitación
en la que estás sentado, siente la emoción de la
realización real y la alegría de la posesión.

Ahora, abre los ojos. Esto te devuelve al mundo
objetivo —el mundo áspero o sensorialmente sentido. Tu
hijo peludo, Esaú, ha regresado de la cacería y con su
presencia te dice que has sido traicionado por tu hijo de
piel lisa Jacob —el subjetivo, psicológicamente sentido.

Pero, al igual que Isaac, cuya confianza se basaba en el
conocimiento de esta ley inmutable, tú también dirás: "Lo
he puesto por señor tuyo y le he dado por siervos a todos
sus parientes".

Es decir, aunque tus problemas parezcan fijos y reales,
has sentido que el estado subjetivo, psicológico, es real
hasta el punto de recibir la emoción de esa realidad; has
experimentado el secreto de la creación porque has
sentido la realidad de lo subjetivo. Has fijado un estado
psicológico definido que, a pesar de toda oposición o

precedente, se exteriorizará, satisfaciendo así el nombre de Jacob —el suplantador.

A continuación, algunos ejemplos prácticos de este drama.

Primero: La bendición o la realización de una cosa.

Siéntate en tu sala de estar y nombra algún mueble, alfombra o lámpara que te gustaría tener en esa habitación en particular. Observa esa zona de la habitación donde la colocarías si la tuvieras. Cierra los ojos y deja que se desvanezca todo lo que ahora ocupa esa zona de la habitación. En tu imaginación observa esta zona como un espacio vacío, no hay absolutamente nada allí. Ahora comienza a llenar este espacio con el mueble deseado; siente y percibe que lo tienes en esta misma zona, imagina que estás viendo aquello que deseas ver. Continúa en esta conciencia hasta que sientas la emoción de su posesión.

Segundo: La bendición o hacer realidad un lugar.

Ahora estás sentado en tu departamento en la ciudad de Nueva York, contemplando la alegría que sería tuya si estuvieras en un crucero navegando a través del gran Atlántico.

"Y si me voy y les preparo un lugar, vendré otra vez y los tomaré adonde Yo voy; para que donde Yo esté, allí estén ustedes también"
(Juan 14: 3).

Tus ojos están cerrados; has abandonado conscientemente el departamento de Nueva York y en su lugar sientes y percibes que estás en un crucero trasatlántico. Estás sentado en una reposera; no hay nada alrededor tuyo, más que el vasto Atlántico. Fija la realidad de este barco y del océano para que, en este estado, puedas recordar mentalmente el día en que estabas sentado en tu departamento de Nueva York soñando con este día en el mar. Recuerda la imagen mental de ti mismo sentado allí en Nueva York soñando con este día. En tu imaginación mira la imagen del recuerdo de ti mismo allí en tu departamento de Nueva York. Si consigues mirar hacia atrás en tu apartamento de Nueva York sin volver allí conscientemente, entonces has preparado con éxito la realidad de este viaje.

Permanece en este estado consciente, sintiendo la realidad del barco y del océano, siente la alegría de este logro; luego abre los ojos.

Has ido y preparado el lugar; has fijado un estado psicológico definido y donde estás en la conciencia, allí también estarás en el cuerpo.

Tercero: La bendición o hacer realidad un punto en el tiempo.

Dejas ir conscientemente este día, mes o año, según sea el caso, y te imaginas que ahora es ese día, mes o año que deseas experimentar. Percibes y sientes la realidad del tiempo deseado, imprimiendo en ti mismo el hecho de que ya se ha cumplido. A medida que percibes la naturalidad de este tiempo, comienzas a sentir la emoción de haber realizado plenamente aquello que antes de comenzar este viaje psicológico en el tiempo deseabas experimentar en este momento.

Con el conocimiento de tu poder para bendecir, puedes abrir las puertas de cualquier prisión —la prisión de la enfermedad o de la pobreza o de una existencia monótona.

"El Espíritu del Señor Dios está sobre mí, porque me ha ungido el Señor para traer buenas nuevas a los afligidos; me ha enviado para vendar a los quebrantados de corazón, para proclamar libertad a los cautivos y liberación a los prisioneros". (Isaías 61: 1; Lucas 4: 18).

CAPÍTULO 5

EL SABBAT

"Durante seis días se trabajará, pero el séptimo día
será día de reposo, consagrado al Señor"
(Éxodo 31: 15; Levítico 23: 3).

Estos seis días no son períodos de tiempo de
veinticuatro horas. Simbolizan el momento psicológico en
que se fija un estado subjetivo definido. Estos seis días de
trabajo son experiencias subjetivas, y, en consecuencia,
no pueden medirse por el tiempo sideral, porque el
verdadero trabajo de fijar un estado psicológico definido
se realiza en la conciencia. La medida de estos seis días es
el tiempo dedicado a definirte conscientemente como lo
que deseas ser.

Un cambio de conciencia es el trabajo realizado en
estos seis días creativos; un ajuste psicológico, que no se
mide por el tiempo sideral, sino por la realización real
(subjetiva). Al igual que una vida en retrospectiva no se
mide por los años, sino por el contenido de esos años, así

también se mide este intervalo psicológico, no por el tiempo empleado en hacer el ajuste, sino por el logro de ese intervalo.

El verdadero significado de estos seis días de trabajo (creación) es revelado en el misterio de Vau, que es la sexta letra en el alfabeto hebreo, y la tercera letra en el nombre divino —Yod He Vau He.

Como se explicó anteriormente en el misterio del nombre de Jehová, VAU significa clavar o unir. El creador se une a su creación a través del sentimiento, y el tiempo que te lleva fijar un sentimiento definido es la verdadera medida de estos seis días de creación.

Separarse mentalmente del mundo objetivo y unirse mediante el secreto del sentimiento al estado subjetivo es la función de la sexta letra del alfabeto hebreo, VAU, o los seis días de trabajo. Siempre hay un intervalo entre la impresión fijada, o estado subjetivo, y la expresión externa de ese estado. Este intervalo se denomina Sabbat.

El Sabbat, o día de reposo, es el descanso mental que sigue al estado psicológico fijado; es el resultado de sus seis días de trabajo.

"El día de reposo se hizo para el hombre, y no el hombre para el día de reposo"
(Marcos 2: 27).

Este descanso mental que sigue a una impregnación consciente exitosa es el período de embarazo mental; un período que está hecho con el propósito de incubar la manifestación. Fue hecho para la manifestación, no la manifestación para él.

Automáticamente, mantendrás el Sabbat como un día de descanso, un período de descanso mental, si logras cumplir con tus seis días de trabajo. No puede haber día de reposo, ni séptimo día, ni período de descanso mental, hasta que los seis días hayan terminado, hasta que el ajuste psicológico se haya realizado y la impresión mental esté completamente efectuada.

Se advierte que si no se guarda el Sabbat, si no se entra en el descanso de Dios, no se recibirá la promesa, no se realizarán los deseos. La razón de esto es simple y obvia. No puede haber descanso mental mientras no se produzca una impresión consciente. Si una persona no logra grabar en su mente el hecho de que ahora tiene lo que antes deseaba poseer, seguirá deseándolo y, por lo tanto, no estará mentalmente en reposo o satisfecha.

Por el contrario, si logra hacer este ajuste consciente, de modo que al salir del período de silencio o de sus seis días subjetivos de trabajo, sabe por su sentimiento que tiene la cosa deseada, entonces entra automáticamente en el Sabbat o en el período de reposo mental.

El embarazo sigue a la impregnación. El individuo no continúa deseando aquello que ya ha obtenido. El Sabbat puede ser guardado como un día de reposo solo después de que consiga ser consciente de ser lo que antes de entrar en el silencio deseaba ser. El día de reposo es el resultado de los seis días de trabajo.

Quien conoce el verdadero significado de estos seis días de trabajo se da cuenta de que la observancia de un día de la semana como día de quietud física no es guardar el Sabbat. La paz y la quietud del día de reposo solo pueden experimentarse cuando la persona ha logrado ser consciente de ser lo que desea ser. Si no logra esta impresión consciente, ha errado el blanco; ha pecado, porque pecar es errar el blanco, no alcanzar nuestro objetivo; un estado en el que no hay paz mental.

"Si yo no hubiera venido y no les hubiera hablado, no tendrían pecado" (Juan 15: 22).

Si al individuo no se le hubiera presentado un estado ideal hacia el que aspirar, un estado que desear y alcanzar, se habría dado por satisfecho con su suerte en la vida y no habría conocido el pecado. Ahora que sabe que sus capacidades son infinitas, que sabe que trabajando seis días o haciendo un ajuste psicológico puede realizar sus deseos, no se dará por satisfecho hasta que consiga su objetivo.

Con el verdadero conocimiento de estos seis días de trabajo, definirá su objetivo y comenzará a ser consciente de serlo. Cuando se produce esta impresión consciente, le sigue automáticamente un período de descanso mental, un período que el místico llama el Sabbat, un intervalo en el que la impresión consciente se gestará y se expresará físicamente. La palabra se hará carne. Pero eso no es el final.

El Sabbat o reposo, que será interrumpido por la encarnación de la idea, tarde o temprano, dará lugar a otros seis días de trabajo cuando el individuo defina otro objetivo y comience de nuevo el acto de definirse como aquello que desea ser.

A través del deseo, la persona ha sido despertada de su sueño y no puede encontrar descanso hasta que no realice su deseo.

Pero antes de que pueda entrar en el reposo de Dios, o guardar el Sabbat, antes de que pueda caminar sin miedo y en paz, debe convertirse en un buen tirador espiritual y aprender el secreto de dar en el blanco o trabajar seis días, el secreto por el cual deja ir el estado objetivo y se ajusta al subjetivo.

Este secreto fue revelado en el nombre Divino, Jehová, y asimismo en la historia de Isaac, bendiciendo a su hijo Jacob. Si aplicas la fórmula tal y como se revela en estos dramas bíblicos, acertarás siempre en el blanco espiritual, pues sabrás que solo se entra en el reposo mental o el Sabbat cuando consigues hacer un ajuste psicológico.

La historia de la crucifixión dramatiza hermosamente estos seis días (período psicológico) y el séptimo día de descanso.

Se registra que era costumbre de los judíos liberar a alguien de la cárcel en la fiesta de la Pascua; y que se les dio la opción de liberar a Barrabás el ladrón, o a Jesús el salvador. Y ellos gritaron:

"¡Suelta a Barrabás!" (Juan 18: 40).

Entonces Barrabás fue liberado y Jesús fue crucificado.

Asimismo, se registra que Jesús el Salvador fue crucificado en el sexto día, enterrado o sepultado en el séptimo, y resucitado en el primer día.

En tu caso, el salvador es aquello que te salvaría de lo que no eres consciente de ser, mientras que Barrabás, el ladrón, es tu actual concepción de ti mismo que te roba lo que te gustaría ser.

Al definir a tu salvador defines aquello que te salvaría, pero no cómo serías salvado. Tu salvador, o deseo, tiene maneras que tú no conoces; sus maneras van más allá de nuestro entendimiento.

Cada problema revela su propia solución. Si estuvieras en prisión, automáticamente desearías ser libre. Por lo tanto, la libertad es lo que te salvaría. Es tu salvador.

Habiendo descubierto a tu salvador, el siguiente paso en este gran drama de la resurrección es liberar a Barrabás, el ladrón —tu actual concepto de ti mismo— y crucificar a tu salvador, o fijar la conciencia de ser o tener aquello que te salvaría.

Barrabás representa tu problema actual. Tu salvador es aquello que te liberaría de ese problema. Liberas a Barrabás alejando tu atención de tu problema, de tu sentido de limitación, porque te roba la libertad que buscas. Y crucificas a tu salvador fijando un estado psicológico definido, mediante el sentimiento de que estás libre de la limitación del pasado.

Niegas la evidencia de los sentidos y comienzas a sentir subjetivamente la alegría de ser libre. Sientes que este estado de libertad es tan real que tú también gritas: "¡Soy libre!"

"Todo está cumplido" (Juan 19:30)

La fijación de este estado subjetivo —la crucifixión— tiene lugar el sexto día. Este día, antes de que se ponga el sol, debes haber completado la fijación al sentir: "Así es"— "Todo está cumplido".

El conocimiento subjetivo es seguido por el Sabbat o el reposo mental. Estarás como alguien enterrado o sepultado porque sabrás que por muy montañosas que sean las barreras, por muy infranqueables que parezcan los muros, tu salvador crucificado y enterrado (tu fijación subjetiva actual) resucitará.

Manteniendo el Sabbat como un período de descanso mental, asumiendo la actitud mental que sería tuya si ya expresaras visiblemente esta libertad, recibirás la promesa del Señor, pues la Palabra se hará carne —la fijación subjetiva se encarnará.

"Y Dios reposó en el séptimo día de todas sus obras" (Hebreos 4: 4).

Tu conciencia es Dios reposando en el conocimiento de que "Está bien"—"Está terminado". Y tus sentidos objetivos confirmarán que es así porque el día lo revelará.

CAPÍTULO 6

SANACIÓN

La fórmula para la cura de la lepra, revelada en el capítulo decimocuarto del libro de Levítico, es de lo más iluminadora cuando se ve a través de los ojos de un místico. Esta fórmula puede ser prescrita como la efectiva cura de cualquier enfermedad, ya sea física, mental, financiera, social, moral, lo que sea.

No importa la naturaleza de la enfermedad ni su duración, pues la fórmula puede aplicarse con éxito a todas y cada una de ellas.

Aquí está la fórmula tal como se registra en el libro del Levítico:

"El sacerdote mandará tomar dos avecillas vivas y limpias... Después el sacerdote mandará degollar una de las avecillas... En cuanto a la avecilla viva, la tomará y la mojará en la sangre del ave muerta... Después rociará siete veces al que ha de ser purificado de la lepra, lo declarará limpio, y soltará al ave viva en campo abierto... Y quedará limpio".

77

Una aplicación literal de esta historia sería estúpida e infructuosa, en cambio, una aplicación psicológica de la fórmula es sabia y fructífera.

Un ave es el símbolo de una idea. Cada persona que tiene un problema o que desea expresar algo distinto de lo que está expresando ahora, puede decirse que tiene dos avecillas. Estas dos avecillas o concepciones pueden definirse de la siguiente manera: la primera avecilla es el actual concepto que tienes de ti mismo, exteriorizado; es la descripción que darías si te pidieran que te describieras a ti mismo —tu condición física, tus ingresos, tus obligaciones, tu nacionalidad, tu familia, tu raza, etc. Tu respuesta sincera a estas preguntas estaría basada únicamente en la evidencia de tus sentidos, y no en ningún deseo. Este verdadero concepto de ti mismo (basado enteramente en las evidencias de tus sentidos) define la primera avecilla.

La segunda avecilla se define por la respuesta que desearías dar a estas preguntas de autodefinición. En resumen, estas dos aves pueden definirse como lo que eres consciente de ser y lo que deseas ser.

Otra definición de las dos aves sería: la primera, tu problema actual, independientemente de su naturaleza, y la segunda, la solución a ese problema. Por ejemplo, si estuvieras enfermo, la solución sería tener buena salud. Si estuvieras endeudado, la solución sería liberarte de las deudas. Si tuvieras hambre, la solución sería la comida. Como habrás notado, no se considera el cómo, la forma de realizar la solución. Solo se consideran el problema y la solución.

Cada problema revela su propia solución. Para la enfermedad es la salud; para la pobreza es la riqueza; para la debilidad es la fuerza, para el confinamiento es la libertad.

Por lo tanto, estos dos estados, tu problema y su solución, son las dos aves que llevas al sacerdote. Tú eres el sacerdote que ahora efectúa el drama de la curación de la lepra: tú y tu problema. Tú eres el sacerdote, y con la fórmula para la cura de la lepra, ahora te liberas de tu problema.

Primero: Toma una de las avecillas (tu problema) y mátala extrayendo su sangre. La sangre es la conciencia del individuo.

"Y de una sangre ha hecho todo el linaje de los hombres, para que habitaran sobre toda la faz de la tierra" (Hechos 17: 26).

Tu conciencia es la única realidad que anima y hace real aquello que eres consciente de ser. Así que apartar tu atención del problema equivale a extraer la sangre del ave. Tu conciencia es la única sangre que hace que todos los estados sean realidades vivas. Al retirar tu atención de cualquier estado dado, has drenado la sangre vital de ese estado. Matas o eliminas la primera avecilla, (tu problema) quitando tu atención de él. En esta sangre (tu conciencia) mojas la avecilla viva (la solución), o aquello que hasta ahora deseabas ser o poseer. Esto lo haces liberándote para ser ahora el estado deseado.

La inmersión de la avecilla viva en la sangre del ave muerta es similar a la bendición de Jacob dada por su padre ciego, Isaac. Como recordarás, Isaac era ciego y no podía ver su mundo objetivo, su hijo Esaú. Tú también estás ciego a tu problema —la primera avecilla— porque has quitado tu atención de él y, por lo tanto, no lo ves. Tu atención (la sangre) está ahora puesta en la segunda ave (estado subjetivo), y sientes y percibes su realidad.

Se te dice que rocíes siete veces al que va a ser limpiado. Esto significa que debes permanecer dentro del nuevo concepto de ti mismo hasta que mentalmente entres en el séptimo día (el día de reposo); hasta que la mente se aquiete o se fije en la creencia de que realmente estás expresando o poseyendo aquello que deseas ser o poseer. Tras la séptima rociada, se te instruye que sueltes a la avecilla viva y declares que el hombre está limpio.

Cuando impresionas plenamente en ti mismo el hecho de que eres lo que deseas ser, te has rociado simbólicamente siete veces; entonces eres tan libre como el ave que se suelta. Y al igual que el ave en vuelo, que debe regresar a la tierra en poco tiempo, así tus impresiones subjetivas o afirmación deben encarnarse en tu mundo en poco tiempo.

Esta historia, y todas las otras historias de la Biblia, son obras psicológicas dramatizadas dentro de la conciencia del individuo.

Tú eres el sumo sacerdote, tú eres el leproso y tú eres esas aves.

Tu conciencia, o Yo Soy, es el sumo sacerdote; tú, la persona con el problema, eres el leproso. El problema, tu presente concepto de ti mismo, es la avecilla que es sacrificada; la solución del problema, lo que deseas ser, es la avecilla viva que es liberada.

Tú recreas este gran drama dentro de ti mismo, apartando tu atención de tu problema y poniéndola en aquello que deseas expresar. Impresionas en ti mismo el hecho de que eres lo que deseas ser hasta que tu mente se aquieta en la creencia de que es así.

Vivir en esta actitud mental fija, vivir en la conciencia de que ahora eres lo que antes deseabas ser, es el ave en vuelo, libre de las limitaciones del pasado y moviéndose hacia la encarnación de tu deseo.

CAPÍTULO 7

DESEO, LA PALABRA DE DIOS

"Así será mi palabra que sale de mi boca; no volverá a mí vacía sin haber realizado lo que deseo, y logrado el propósito para el cual la envié" (Isaías 55: 11).

Dios te habla a través de tus deseos básicos. Tus deseos básicos son palabras de promesa o profecías que contienen en sí mismas el plan y el poder de expresión.

Por deseos básicos me refiero a tu verdadero objetivo. Los deseos secundarios se refieren a la forma de realización. A través de tus deseos básicos, Dios, tu Yo Soy, te habla a ti, el estado consciente, condicionado. Los deseos secundarios o formas de expresión son los secretos de tu Yo Soy, el Padre omnisciente. Tu Padre, Yo Soy, revela el primero y el último.

"Yo soy el principio y el fin"
(Apocalipsis 1: 8; Apocalipsis 22: 13).

Pero él nunca revela el medio o el secreto de sus maneras; es decir, el primero se revela como la palabra, tu deseo básico. El último es su cumplimiento, la palabra hecha carne. El segundo o medio (el plan de despliegue) nunca es revelado al individuo, sino que permanece para siempre como secreto del Padre.

"Yo testifico a todos los que oyen las palabras de la profecía de este libro: si alguien añade a ellas, Dios traerá sobre él las plagas que están escritas en este libro. Y si alguien quita de las palabras del libro de esta profecía, Dios quitará su parte del árbol de la vida y de la ciudad santa descritos en este libro". (Apocalipsis 22: 18- 19).

Las palabras de la profecía mencionadas en el libro de Apocalipsis, son tus deseos básicos que no deben ser condicionados. El individuo está constantemente añadiendo y quitando a estas palabras. Al no saber que el deseo básico contiene el plan y el poder de expresión, él siempre está comprometiendo y complicando su deseo. Aquí hay una ilustración de lo que hace a la palabra de la profecía —sus deseos.

La persona desea liberarse de su limitación o problema. Lo primero que hace después de definir su objetivo es condicionarlo a otra cosa. Comienza a especular sobre la manera de conseguirlo. Sin saber que la cosa deseada tiene su propia forma de expresión, empieza a planear cómo va a conseguirla, añadiendo así a la palabra de Dios.

Por otro lado, si no tiene ningún plan o concepción en cuanto a la realización de su deseo, entonces compromete su deseo modificándolo. Piensa que si se conforma con menos que su deseo básico, entonces tendrá más posibilidades de realizarlo. Al hacerlo, se aleja de la palabra de Dios. Tanto los individuos como las naciones violan constantemente esta ley de su deseo básico al conspirar y planear la realización de sus ambiciones; de este modo añaden a la palabra de la profecía, o comprometen sus ideales, quitando así de la palabra de Dios. El resultado inevitable es la muerte y las plagas o el fracaso y la frustración que se promete para tales transgresiones.

Dios habla a las personas solo por medio de sus deseos básicos. Tus deseos están determinados por tu concepción de ti mismo. Por sí mismos no son ni buenos ni malos.

"Yo sé, y estoy convencido en el Señor Jesús, de que nada es inmundo en sí mismo; pero para el que estima que algo es inmundo, para él lo es" (Romanos 14: 14).

Tus deseos son el resultado natural y automático de tu actual concepto de ti mismo.

Dios, tu conciencia incondicionada, es impersonal y no hace acepción de personas.

A través de tus deseos básicos, tu conciencia incondicionada, Dios, le da a tu conciencia condicionada, el individuo, lo que tu estado condicionado (tu actual concepto de ti mismo) cree que necesita.

Mientras permanezcas en tu actual estado de conciencia, seguirás deseando lo que ahora deseas. Cambia tu concepto de ti mismo y automáticamente cambiarás la naturaleza de tus deseos. Los deseos son estados de conciencia buscando encarnación. Son formados por la conciencia del individuo y pueden ser expresados fácilmente por quien los ha concebido.

Los deseos se expresan cuando la persona que los ha concebido asume la actitud mental que le correspondería si los estados deseados ya estuvieran expresados. Ahora bien, dado que los deseos, independientemente de su naturaleza, pueden expresarse fácilmente mediante actitudes mentales fijas, hay que dar una palabra de advertencia a aquellos que aún no han reconocido la unidad de la vida, y que no conocen la verdad fundamental de que la conciencia es Dios, la única realidad.

Esta advertencia fue entregada en la famosa regla de oro:

"Así que, todo lo que quieran que la gente haga con ustedes, eso mismo hagan ustedes con ellos" (Mateo 7: 12).

Puedes desear algo para ti o para otro. Si tu deseo se refiere a otro, asegúrate de que lo que deseas es aceptable para ese otro. La razón de esta advertencia es que tu conciencia es Dios, el dador de todos los regalos. Por lo tanto, lo que sientes y crees que es verdad de otro es un regalo que le has dado. Si el regalo no es aceptado, volverá a quien lo da.

Entonces, asegúrate de que te gustaría poseer el regalo, porque si fijas una creencia dentro de ti como verdadera de otro y él no acepta este estado como verdadero de sí mismo, este regalo no aceptado se encarnará dentro de tu mundo.

Siempre escucha y acepta como verdadero de los demás lo que desearías para ti. Al hacerlo, estás construyendo el cielo en la tierra. "Todo lo que quieran que la gente haga con ustedes, eso mismo hagan ustedes con ellos", está basado en esta ley.

Solo acepta como verdad de otros aquellos estados que con gusto aceptarías como verdad de ti mismo, para poder crear constantemente el cielo en la tierra. Tu cielo se define por el estado de conciencia en el que vives, el cual se compone de todo lo que aceptas como verdadero de ti mismo y verdadero de los demás.

Tu entorno inmediato está definido por tu propio concepto de ti mismo, más tus convicciones respecto a los demás que no han sido aceptadas por ellos. Tu concepto de otro, el cual no es su concepto de sí mismo, es un regalo que vuelve a ti. Las sugerencias, al igual que la propaganda, son bumeranes a menos que sean aceptadas por aquellos a quienes se envían. Así que tu mundo es un regalo que te has dado a ti mismo.

La naturaleza de este regalo está determinada por tu concepto de ti mismo más los regalos no aceptados que ofreciste a los demás. No te equivoques en esto: la ley no hace acepción de personas.

Descubre la ley de la autoexpresión y vive por ella; entonces serás libre. Con esta comprensión de la ley, define tu deseo, debes saber exactamente lo que quieres; y asegúrate de que es deseable y aceptable.

La persona sabia y disciplinada no ve ninguna barrera para la realización de su deseo; no ve nada que destruir. Con una actitud mental fija, reconoce que la cosa deseada ya está plenamente expresada, pues sabe que un estado subjetivo fijo tiene formas y medios de expresarse que nadie conoce.

"Antes de que clamen, yo les responderé"
(Isaías 65: 24)

"Yo tengo maneras que tú no conoces". "Mis caminos son inescrutables".

Por el contrario, la persona indisciplinada ve constantemente la oposición al cumplimiento de su deseo y, a causa de la frustración, forma deseos de destrucción que cree firmemente que deben expresarse antes de que su deseo básico pueda realizarse. Cuando el individuo descubra esta ley de la única conciencia, comprenderá la gran sabiduría de la regla de oro, por lo que vivirá según ella y se demostrará a sí mismo que el reino de los cielos está en la tierra.

Te darás cuenta de por qué debes "hacer a los demás lo que quieres que te hagan a ti". Sabrás por qué debes vivir según esta regla de oro, ya que descubrirás que hacerlo es simplemente sentido común, porque la regla se basa en la ley inmutable de la vida y no hace acepción de personas.

La conciencia es la única realidad. El mundo y todo lo que hay en él son estados de conciencia materializados. Tu mundo está definido por tu concepto de ti mismo, más tus conceptos de otros, que no son los conceptos que tienen de sí mismos.

La historia de la Pascua es para ayudarte a dar la espalda a las limitaciones del presente y pasar a un estado mejor y más libre.

La sugerencia de "seguir al hombre que lleva un cántaro de agua" (Marcos 14: 13; Lucas 22: 10), fue dada a los discípulos para guiarlos hacia la última cena o la fiesta de la Pascua. El hombre con el cántaro de agua es el undécimo discípulo, Simón de Canaán, la cualidad disciplinada de la mente que solo escucha estados dignos, nobles y amables.

La mente que está disciplinada para escuchar solo lo bueno se deleita con los buenos estados y así encarna el bien en la tierra.

Si tú también quieres asistir a la última cena —la gran fiesta de la Pascua— sigue a este hombre. Asume esta actitud mental simbolizada como el "hombre con el cántaro de agua" y vivirás en un mundo que es realmente el cielo en la tierra.

La fiesta de la Pascua es el secreto del cambio de conciencia. Apartas tu atención de tu actual concepto de ti mismo y asumes la conciencia de ser aquello que quieres ser, pasando así de un estado a otro.

Esta hazaña se realiza con la ayuda de los doce discípulos, que son las doce cualidades disciplinadas de la mente. (Ver el libro "Tu fe es tu fortuna", capítulo 18).

CAPÍTULO 8

FE

"Y Jesús les dijo: Por la poca fe de ustedes; porque en verdad les digo que si tienen fe como un grano de mostaza, dirán a este monte: 'Pásate de aquí allá', y se pasará; y nada les será imposible". (Mateo 17: 20).

Esta fe como un grano de mostaza ha resultado ser una piedra de tropiezo para las personas. Se les ha enseñado a creer que un grano de mostaza significa un pequeño grado de fe. Así que naturalmente se preguntan por qué ellos, siendo personas maduras, carecen de esta insignificante medida de fe cuando una cantidad tan pequeña asegura el éxito. Según se nos dice:

"La fe es la certeza de lo que se espera, la convicción de lo que no se ve" (Hebreos 11: 1).

"Por la fe... el universo fue preparado por la palabra de Dios, de modo que lo que se ve no fue hecho de cosas visibles"(Hebreos 11: 3).

Las cosas invisibles se hicieron visibles. El grano de mostaza no es la medida de una pequeña cantidad de fe. Al contrario, es lo absoluto en la fe.

Un grano de mostaza es consciente de ser un grano de mostaza y solo un grano de mostaza. No es consciente de ninguna otra semilla en el mundo. Está sellada en la convicción de que es una semilla de mostaza, de la misma manera que el espermatozoide sellado en el vientre es consciente de ser persona y solamente persona.

Un grano de mostaza es realmente la medida de la fe necesaria para lograr todos tus objetivos; pero al igual que el grano de mostaza, tú también debes perderte en la conciencia de ser solo la cosa deseada. Permaneces dentro de este estado sellado hasta que irrumpe y revela tu demanda consciente.

La fe es sentir o vivir en la conciencia de ser la cosa deseada; la fe es el secreto de la creación, el Vau en el nombre Divino: Yod He Vau He; la fe es el Cam en la familia de Noé; la fe es el sentido del tacto por el cual Isaac bendijo e hizo realidad a su hijo Jacob. Por la fe Dios —tu conciencia— llama a las cosas que no se ven como si se vieran y las hace visibles.

Es la fe la que te permite ser consciente de ser la cosa deseada; asimismo, es la fe la que te sella en este estado consciente hasta que tu demanda invisible madura y se expresa, se hace visible. La fe o el sentimiento es el secreto de esta apropiación. A través del sentimiento, la conciencia que desea se une a la cosa deseada. ¿Cómo te sentirías si fueras aquello que deseas ser?

Lleva el estado de ánimo, este sentimiento que sería tuyo si ya fueras lo que deseas ser; y en poco tiempo estarás sellado en la creencia de que lo eres. Entonces, sin esfuerzo, este estado invisible se manifestará; lo invisible se hará visible.

Si tuvieras la fe de un grano de mostaza, mediante la sustancia mágica del sentimiento, hoy mismo te sellarías en la conciencia de ser lo que deseas ser. Permanecerías en esta quietud mental o estado de tumba, confiado en que no necesitas a nadie para remover la piedra; porque todas las montañas, las piedras y los habitantes de la tierra "son como nada delante de ti".

Lo que ahora reconoces como verdad de ti mismo (tu actual estado de conciencia) actuará conforme a su naturaleza entre todos los habitantes de la tierra, y "nadie podrá detener su mano ni decirle, ¿Qué has hecho?" (Daniel 4: 35). Nadie puede impedir la encarnación de este estado consciente en el que estás sellado, ni cuestionar su derecho a ser.

Cuando este estado consciente está debidamente sellado por la fe, es una Palabra de Dios, Yo Soy, porque el individuo así establecido está diciendo: "Yo soy así y así", y la Palabra de Dios (mi estado consciente fijo) es espíritu y no puede volver a mi vacía, sino que debe cumplir aquello para lo que ha sido enviada. La palabra de Dios (tu estado consciente) debe encarnarse para que puedas saber:

"Yo soy el Señor, y no hay ningún otro; fuera de mí no hay Dios" (Isaías 45: 5).

"Y el verbo se hizo carne, y habitó entre nosotros" (Juan 1: 14)

"Él envió su palabra y los sanó" (Salmos 107: 20).

Tú también puedes enviar tu palabra, la Palabra de Dios, y sanar a un amigo. ¿Hay algo que te gustaría escuchar de un amigo? Define ese algo que sabes que le gustaría ser o poseer. Ahora, con tu deseo bien definido, tienes una Palabra de Dios. Para enviar esta Palabra en su camino, para que esta Palabra se haga realidad, simplemente debes hacer lo siguiente:

Siéntate tranquilamente donde estás y asume la actitud mental de escuchar; recuerda la voz de tu amigo. Con esta voz familiar establecida en tu conciencia, imagina que realmente estás escuchando su voz y que te está diciendo que es o tiene lo que tú querías que fuera o tuviera. Impresiona en tu conciencia el hecho de que realmente le has escuchado y que te ha dicho lo que querías oír; siente la emoción de haberlo escuchado. Luego suéltalo por completo.

Este es el secreto del místico para enviar las palabras a la expresión, para hacer que la palabra se haga carne. Formas dentro de ti la palabra, lo que quieres oír; luego lo escuchas, y te lo dices a ti mismo.

"Habla, Señor, que tu siervo escucha".
(1 Samuel 3: 9,10).

Tu conciencia es el Señor hablando a través de la voz familiar de un amigo e imprimiendo en ti lo que deseas escuchar. Esta autoimpregnación, el estado impresionado en ti mismo, la Palabra, siempre tiene formas y medios de expresarse que nadie conoce. Cuando consigas producir esa impresión, no te importarán las apariencias, porque esa autoimpresión está sellada como un grano de mostaza y, a su debido tiempo, madurará hasta alcanzar su plena expresión.

CAPÍTULO 9

LA ANUNCIACIÓN

El uso de la voz de un amigo para impregnarse con el estado deseado está bellamente relatado en la historia de la Inmaculada Concepción.

Está registrado que Dios envió un ángel a María para anunciarle el nacimiento de su hijo.

> "Y el ángel le dijo... Concebirás en tu seno y darás a luz un Hijo... Entonces María dijo al ángel: «¿Cómo será esto?, porque no conozco varón». Y el ángel le respondió: «El Espíritu Santo vendrá sobre ti, y el poder del Altísimo te cubrirá con su sombra; por eso el niño que nacerá será llamado Hijo de Dios... Porque ninguna cosa es imposible para Dios»" (Lucas 1: 30-37).

Esta es la historia que se ha contado durante siglos en todo el mundo, pero no se dijo que era sobre uno mismo, por lo que no se ha recibido el beneficio que se pretendía dar.

La historia revela el método por el cual la idea o la Palabra se hizo carne. Se nos dice que Dios germinó o engendró una idea, un hijo, sin la ayuda de otro. Luego colocó su idea germinal en el vientre de María con la ayuda de un ángel, quien le hizo el anuncio y la impregnó con la idea. Nunca se registró un método más simple de impregnación de la conciencia que el que se encuentra en la historia de la Inmaculada Concepción.

Los cuatro personajes en este drama de la creación son: el Padre, el Hijo, María y el Ángel. El Padre simboliza tu conciencia; el Hijo simboliza tu deseo; María simboliza tu actitud mental receptiva y el Ángel simboliza el método utilizado para realizar la impregnación.

El drama se desarrolla de esta manera. El Padre engendra un Hijo sin la ayuda de otro. Tú defines tu objetivo, clarificas tu deseo sin la ayuda o sugerencia de otro.

Luego, el Padre selecciona al ángel que está mejor calificado para llevar este mensaje o posibilidad germinal a María. Tú seleccionas a la persona en tu mundo que estaría sinceramente emocionada de presenciar el cumplimiento de tu deseo.

Entonces, a través del ángel, María se entera de que ya ha concebido un Hijo sin la ayuda del hombre. Tú asumes una actitud mental receptiva, una actitud de escucha, e imagina que oyes la voz de quien has elegido para que te diga lo que deseas saber. Imagina que le oyes decir que eres y tienes lo que deseas ser y tener. Permanece en este estado receptivo hasta que sientas la emoción de haber escuchado la buena y maravillosa noticia.

Entonces, como María en la historia, sigues con tus asuntos en secreto sin decirle a nadie de esta magnífica e inmaculada autoimpregnación, confiando en que a su debido tiempo expresarás esta impresión.

El Padre genera la semilla o posibilidad germinal de un Hijo, pero en una impregnación artificial; no transmite el espermatozoide desde sí mismo hasta el vientre. Lo hace pasar por otro medio.

La conciencia que desea es el Padre que genera la semilla o la idea. Un deseo clarificado es la semilla perfectamente formada, o el Hijo unigénito. Luego, esta semilla es llevada del Padre (conciencia que desea) a la Madre (conciencia de ser y tener el estado deseado).

Este cambio de conciencia se realiza mediante el ángel o la voz imaginaria de un amigo que te dice que ya has conseguido tu objetivo.

El uso de un ángel o de la voz de un amigo para hacer una impresión consciente es la forma más corta, segura y confiable de autoimpregnarse.

Con tu deseo bien definido, asume una actitud de escucha. Imagina que estás escuchando la voz de un amigo; entonces haz que te diga (imagina que te lo está diciendo) lo afortunado que eres por haber realizado plenamente tu deseo.

En esta actitud mental receptiva estás recibiendo el mensaje de un ángel; estás recibiendo la impresión de que eres y tienes aquello que deseas ser y tener. La emoción de haber escuchado lo que deseas escuchar es el momento de la concepción. Es el momento en que te autoimpregnas, el momento en que realmente sientes que ahora eres o tienes aquello que hasta ahora solo deseabas ser o poseer.

Cuando salgas de esta experiencia subjetiva, tú, como María en la historia, sabrás por tu cambio de actitud mental que has concebido un Hijo; que has fijado un estado subjetivo definido y que dentro de poco expresarás o materializarás este estado.

Este libro ha sido escrito para mostrarte cómo lograr tus objetivos. Aplica el principio aquí expresado y ni todos los habitantes de la tierra podrán impedir que realices tus deseos.

PLEGARIA,
EL ARTE DE CREER

NEVILLE

CONTENIDOS

PREFACIO

La Plegaria es la llave maestra. Una llave puede servir para una puerta de una casa, no obstante, cuando sirve para todas las puertas, bien puede ser llamada una llave maestra. Tal llave es la plegaria para todos los problemas terrenales.

CAPÍTULO 1

LA LEY DE LA REVERSIBILIDAD

"Reza por mi alma, más cosas son hechas por la oración que lo que este mundo sueña".
(Tennyson)

Rezar es un arte y requiere práctica. El primer requisito es una imaginación controlada. El alarde y las vanas repeticiones son ajenos a la oración. Su ejercicio requiere tranquilidad y paz mental. "No uses vanas repeticiones" (Mateo 6:7) pues la oración se hace en secreto y "Tu Padre que ve en lo secreto te recompensará abiertamente" (Mateo 6:6).

Las ceremonias que habitualmente se emplean en la oración son simples supersticiones y se han inventado para dar a la oración un aire de solemnidad. Los que practican el arte de la oración a menudo ignoran las leyes que la rigen. Atribuyen los resultados obtenidos a las ceremonias y confunden la letra con el espíritu.

La esencia de la oración es la fe, pero la fe debe estar impregnada de entendimiento para que adquiera esa cualidad activa que no posee cuando está sola. "Adquiere sabiduría. Y antes que toda posesión, adquiere entendimiento" (Proverbios 4:7)

Este libro es un intento de reducir lo desconocido a lo conocido, señalando las condiciones en las cuales las oraciones son respondidas, y sin las cuales no pueden ser respondidas. Define las condiciones que rigen la oración en leyes que no son más que una generalización de nuestras observaciones.

La ley universal de la reversibilidad es el fundamento sobre el que se basan sus afirmaciones.

El movimiento mecánico causado por el habla se conocía desde mucho antes de que nadie soñara con la posibilidad de una transformación inversa, es decir, la reproducción del habla por el movimiento mecánico (el fonógrafo). Durante mucho tiempo la electricidad fue producida por la fricción, sin que jamás se pensara que la fricción, a su vez, pudiera ser producida por la electricidad.

Independientemente de que el individuo consiga o no invertir la transformación de una fuerza, sin embargo, sabe que todas las transformaciones de fuerza son reversibles. Si el calor puede producir movimiento mecánico, el movimiento mecánico puede producir calor. Si la electricidad produce magnetismo, también el magnetismo puede desarrollar corrientes eléctricas. Si la voz puede provocar corrientes ondulatorias, también tales corrientes pueden reproducir la voz, y así sucesivamente.

Causa y efecto, energía y materia, acción y reacción son lo mismo e interconvertibles.

Esta ley es de extrema importancia, porque te permite prever la transformación inversa una vez verificada la transformación directa. Si supieras cómo te sentirías si alcanzaras tu objetivo, entonces, inversamente, sabrías qué estado podrías alcanzar si despertaras en ti mismo tal sentimiento. El mandato de orar creyendo que ya posees aquello por lo que oras, está basado en el conocimiento de la ley de la transformación inversa. Si tu oración realizada produce en ti un determinado sentimiento o estado de conciencia, entonces, inversamente, ese determinado sentimiento o estado de conciencia debe producir la realización de tu oración.

Ya que todas las transformaciones de fuerza son reversibles, debes asumir siempre el sentimiento de tu deseo realizado. Debes despertar en ti el sentimiento de que eres y tienes aquello que hasta entonces deseabas ser y poseer. Esto se hace fácilmente contemplando la alegría que sería tuya si tu objetivo fuera un hecho cumplido, de modo que vivas y te muevas y tengas tu ser en el sentimiento de que tu deseo se ha realizado. El sentimiento del deseo cumplido, si es asumido y sostenido, debe manifestar el estado que lo habría creado. Esta ley explica por qué:

"La Fe es la sustancia de las cosas que se esperan,
la evidencia de las cosas que no se ven"
(Hebreos 11:1).

Y por qué "Él llama a las cosas que no se ven como si se vieran y las cosas que no se ven son vistas".

Asume el sentimiento de tu deseo cumplido y continúa sintiendo que se cumple hasta que aquello que sientes se vuelva objetivo.

Si un hecho físico puede producir un estado psicológico, un estado psicológico puede producir un hecho físico. Si el efecto (A) puede ser producido por la causa (B), entonces, inversamente, el efecto (B) puede ser producido por la causa (A).

"Por eso les digo que todas las cosas por las que oren y pidan, crean que ya las han recibido, y les serán concedidas". (Marcos 11:24).

CAPÍTULO 2

LA NATURALEZA DUAL DE LA CONCIENCIA

Un claro concepto de la naturaleza dual de la conciencia debe ser la base de toda oración verdadera. La conciencia incluye tanto una parte subconsciente como una parte consciente. La parte infinitamente mayor de la conciencia se encuentra por debajo de la esfera de la conciencia objetiva. El subconsciente es la parte más importante de la conciencia. Es la causa de la acción voluntaria. El subconsciente es lo que el individuo es. El consciente es lo que individuo sabe.

"Yo y mi Padre somos uno, pero mi Padre es más grande que yo".

El consciente y el subconsciente son uno, pero el subconsciente es más grande que el consciente.

"Yo por mí mismo no puedo hacer nada, el Padre dentro de mí, él hace el trabajo".

Yo, la conciencia objetiva, no puedo hacer nada por mí mismo; el Padre, el subconsciente, él hace el trabajo. El subconsciente es aquello en lo que todo se conoce, en lo que todo es posible, a lo que todo va, de lo que todo viene, que pertenece a todos, a lo que todos tienen acceso.

Aquello de lo que somos conscientes se construye a partir de aquello de lo que no somos conscientes. Nuestras asunciones subconscientes no solamente influyen en nuestro comportamiento, sino que también configuran el patrón de nuestra existencia objetiva. Ellas tienen el poder de decir: "Hagamos al hombre — manifestaciones objetivas— a nuestra imagen y semejanza".

Toda la creación está dormida dentro de la profundidad del individuo y es despertada a la existencia objetiva por sus asunciones subconscientes. Dentro de esa ceguera que llamamos sueño hay una conciencia vigilante que no duerme, y mientras el cuerpo duerme, este ser que no duerme libera del tesoro de la eternidad las suposiciones subconscientes del individuo.

La oración es la llave que abre el almacén infinito.

"Póngame ahora a prueba en esto, dice el Señor de los ejércitos, si no les abro las ventanas de los cielos y derramo para ustedes bendición hasta que sobreabunde" (Malaquías 3:10)

La oración modifica o cambia completamente nuestras asunciones subconscientes, y un cambio de asunción es un cambio de expresión.

La mente consciente razona inductivamente a partir de la observación, la experiencia y la educación. Por lo tanto, le resulta difícil creer lo que los cinco sentidos y la razón inductiva niegan. El subconsciente razona deductivamente y nunca se preocupa por la verdad o falsedad de la premisa, sino que procede sobre la suposición de la veracidad de la premisa y materializa resultados que son consistentes con la premisa.

Esta distinción debe ser claramente percibida por todos los que quieran dominar el arte de orar. No se puede obtener una verdadera comprensión de la ciencia de la oración hasta que se comprendan las leyes que rigen la naturaleza dual de la conciencia y se comprenda la importancia del subconsciente.

La oración —el arte de creer aquello que los sentidos niegan— trata casi completamente con el subconsciente. A través de la oración, el subconsciente es inducido a aceptar el deseo cumplido y, razonando deductivamente, lo despliega lógicamente hasta su fin legítimo.

"Mayor es aquel que está en ustedes, que el que está en el mundo" (1 Juan 4:4).

La mente subjetiva es la conciencia difusa que anima el mundo; es el espíritu que da vida. En toda sustancia hay una sola alma: la mente subjetiva. A través de toda la creación corre esta única mente subjetiva inquebrantable. El pensamiento y el sentimiento fundidos en creencias le imprimen modificaciones, le encargan una misión, que ejecuta fielmente.

La mente consciente origina premisas. La mente subjetiva las despliega hasta sus fines lógicos. Si la mente subjetiva no estuviera tan limitada en su poder de iniciativa para razonar, el ser objetivo no podría ser considerado responsable de sus acciones en el mundo. El individuo transmite ideas al subconsciente a través de sus sentimientos. El subconsciente transmite ideas de mente a mente, a través de la telepatía. Tus convicciones no expresadas sobre los demás se transmiten a ellos sin su conocimiento consciente ni su consentimiento y, si son aceptadas subconscientemente por ellos, influirán en su comportamiento.

Las únicas ideas que ellos rechazan subconscientemente son tus ideas sobre ellos, que no podrían desear que fueran ciertas para nadie. Cualquier cosa que puedan desear para otros puede ser creída por ellos, y por la ley de la creencia que gobierna el razonamiento subjetivo, están obligados a aceptar subjetivamente y, por lo tanto, expresar objetivamente, en consecuencia.

La mente subjetiva está completamente controlada por la sugestión. Las ideas se sugieren mejor cuando la mente objetiva es parcialmente subjetiva, es decir, cuando los sentidos objetivos están disminuidos o mantenidos en suspensión. Este estado parcialmente subjetivo puede describirse mejor como una ensoñación controlada, en la que la mente es pasiva pero capaz de funcionar con absorción. Se trata de una concentración de la atención.

No debe haber ningún conflicto en tu mente mientras rezas. Cambia de lo que es a lo que debería ser. Asume el estado de ánimo del deseo cumplido y, por la ley universal de la reversibilidad, realizarás tu deseo.

CAPÍTULO 3

IMAGINACIÓN Y FE

Las oraciones no se realizan con éxito a menos que exista una compenetración entre la mente consciente y subconsciente del operador. Esto se consigue mediante la imaginación y la fe.

Por el poder de imaginación, todas las personas, ciertamente las imaginativas, están siempre lanzando encantamientos; y todas las personas, especialmente las no imaginativas, están continuamente cayendo bajo su poder. ¿Podemos alguna vez estar seguros de que no fue nuestra madre, mientras zurcía nuestros calcetines, quien inició ese sutil cambio en nuestras mentes? Si puedo hechizar involuntariamente a las personas, no hay razón para dudar de que soy capaz de hechizar intencionadamente a alguien con un hechizo mucho más fuerte.

Todo lo que puede ser visto, tocado, explicado, discutido, para el ser imaginativo no es más que un medio, ya que él trabaja, gracias a su imaginación controlada, en lo más profundo de sí mismo, donde cada

114

idea existe en sí misma y no en relación con otra cosa. En él no hay necesidad de las restricciones de la razón. La única restricción que puede obedecer es el instinto misterioso que le enseña a eliminar todos los estados de ánimo que no sean el estado de ánimo del deseo cumplido.

La imaginación y la fe son las únicas facultades de la mente necesarias para crear condiciones objetivas. La fe requerida para la exitosa operación de la ley de la conciencia, es una fe puramente subjetiva, la cual se alcanza al cesar la oposición activa por parte de la mente objetiva del operador. Depende de tu capacidad para sentir y aceptar como verdadero lo que tus sentidos objetivos niegan. No es necesaria ni la pasividad del sujeto ni su acuerdo consciente con tu sugerencia, pues sin su consentimiento o conocimiento se le puede dar una orden subjetiva que debe expresar objetivamente. Es una ley fundamental de la conciencia que por telepatía podamos tener comunión inmediata con otro.

Para establecer la conexión, llama mentalmente al sujeto. Enfoca tu atención en él y grita mentalmente su nombre como lo harías para atraer la atención de cualquier persona. Imagina que responde y escucha mentalmente su voz. Represéntalo interiormente en el estado que quieres que obtenga. Luego imagina que te está diciendo en el tono de una conversación común lo que quieres oír. Respóndele mentalmente. Háblale de tu alegría al ser testigo de su buena fortuna. Habiendo oído mentalmente con toda la nitidez de la realidad lo que querías oír y habiéndote emocionado con la noticia oída, vuelve a la conciencia objetiva. Tu conversación subjetiva debe despertar lo que afirmó.

"Decidirás una cosa y se te cumplirá".
(Job 22:28)

No es una fuerte voluntad la que envía la palabra subjetiva en su misión, sino un claro pensamiento y el sentimiento de la verdad del estado afirmado. Cuando la creencia y la voluntad están en conflicto, la creencia vence invariablemente.

"No por el poder ni por la fuerza, sino por mi espíritu, dice el Señor de los ejércitos".
(Zacarías 4:6).

No es lo que quieres lo que atraes; atraes lo que crees que es verdad. Por lo tanto, entra en el espíritu de estas conversaciones mentales y dales el mismo grado de realidad que le darías a una conversación telefónica. Si puedes creer, todas las cosas son posibles para el que cree.

"Por eso les digo que todas las cosas por las que oren y pidan, crean que ya las han recibido, y les serán concedidas" (Marcos 11:24).

La aceptación del fin determina los medios. Ni la más sabia reflexión podría concebir medios más eficaces que los que son ordenados por la aceptación del fin. Habla mentalmente con tus amigos como si tus deseos para ellos estuvieran ya realizados.

La imaginación es el principio del crecimiento de todas las formas, y la fe es la sustancia de la que se forman. Por la imaginación, lo que existe en estado latente, o está dormido en lo profundo de la conciencia, se despierta y se le da forma. Las sanaciones atribuidas a la influencia de ciertas medicinas, reliquias y lugares, son efectos de la imaginación y la fe. El poder curativo no está en el espíritu que hay en ellos, sino en el espíritu con que se aceptan.

"La letra mata, pero el espíritu da vida" (2 Corintios 3:6).

La mente subjetiva está completamente controlada por la sugestión, así que, sea verdadero o falso el objeto de tu fe, obtendrás los mismos resultados. No hay nada infundado en la teoría de la medicina ni en las reivindicaciones del sacerdocio por sus reliquias y lugares santos. La mente subjetiva del paciente acepta la sugestión de salud condicionada a tales estados, y tan pronto como se cumplen estas condiciones procede a realizar la salud. "Conforme a tu fe te sea hecho porque todo es posible para el que cree". La expectativa confiada de un estado es el medio más potente para conseguirlo. La espera confiada de una sanación hace lo que ningún tratamiento médico puede lograr.

El fracaso se debe siempre a una autosugestión antagónica por parte del paciente, derivada de la duda objetiva del poder de la medicina o de la reliquia, o de la duda de la verdad de la teoría. Muchos de nosotros, ya sea por falta de emoción o por exceso de intelecto, ambos obstáculos en el camino de la oración, no podemos creer lo que nuestros sentidos niegan. Forzarnos a creer acabará en mayores dudas. Para evitar tales contra-sugestiones, el paciente debe ser inconsciente, objetivamente, de las sugestiones que se le hacen.

El método más efectivo para sanar o influir en el comportamiento de los demás consiste en lo que se conoce como "el tratamiento silencioso o ausente". Cuando el sujeto objetivamente no es consciente de la sugestión que se le hace, no hay posibilidad de que establezca una creencia antagónica. No es necesario que el paciente sepa, objetivamente, que se está haciendo algo por él. Por lo que se sabe de los procesos subjetivos y objetivos del razonamiento, es mejor que no sepa objetivamente lo que se está haciendo por él. Cuanto más completamente se mantenga la mente objetiva en la ignorancia de la sugestión, mejor desempeñará sus funciones la mente subjetiva. El sujeto acepta subconscientemente la sugestión y piensa que él la origina, demostrando la verdad del dicho de Spinoza de que desconocemos las causas que determinan nuestros actos.

La mente subconsciente es el conductor universal que el operador modifica con sus pensamientos y sentimientos. Los estados visibles son, o bien, los efectos vibratorios de las vibraciones subconscientes dentro de ti, o son las causas vibratorias de las correspondientes vibraciones dentro de ti. Una persona disciplinada nunca permite que sean causas, a menos que despierten en ella los estados de conciencia deseables.

Con el conocimiento de la ley de la reversibilidad, el ser disciplinado transforma su mundo imaginando y sintiendo solo lo que es amable y de buen nombre. La bella idea que despierta en su interior no dejará de despertar su afinidad en los demás. Él sabe que el salvador del mundo no es un hombre, sino la manifestación que salvaría. El salvador del enfermo es la salud, el del hambriento es el alimento, el del sediento es el agua. Él camina en compañía del salvador asumiendo el sentimiento de su deseo cumplido.

Por la ley de la reversibilidad, de que todas las transformaciones de la fuerza son reversibles, la energía o el sentimiento despertado se transforma en el estado imaginado. Él nunca espera cuatro meses para la cosecha. Si dentro de cuatro meses la cosecha despertará en él un estado de dicha, entonces, inversamente, la dicha de la cosecha ahora, despertará la cosecha ahora.

"Ahora es el tiempo aceptable para dar diadema en lugar de ceniza, aceite de regocijo en lugar de luto, y manto de alabanza en lugar de espíritu abatido. Para que sean llamados robles de justicia, plantío del Señor, para manifestar su gloria" (Isaías 61:3).

ENSUEÑO CONTROLADO

Todo el mundo es susceptible a las mismas leyes psicológicas que gobiernan el tema hipnótico común. El sujeto es susceptible de ser controlado por sugestión.

En la hipnosis, los sentidos objetivos están parcial o totalmente suspendidos. Sin embargo, no importa cuán profundamente estén bloqueados los sentidos objetivos en la hipnosis, las facultades subjetivas están alerta, y el sujeto reconoce todo lo que sucede a su alrededor.

La actividad y el poder de la mente subjetiva son proporcionales al sueño de la mente objetiva. Las sugestiones, que parecen carentes de poder cuando son presentadas directamente a la conciencia objetiva, son altamente eficaces cuando el sujeto está en estado hipnótico. El estado hipnótico es simplemente estar objetivamente inconsciente.

En el hipnotismo, se hace dormir a la mente consciente y se exponen los poderes subconscientes para ser alcanzados directamente por la sugestión. De aquí se desprende fácilmente, siempre que aceptes la verdad de las sugestiones mentales, que cualquiera que no sea objetivamente consciente de ti se encuentra en un profundo estado hipnótico en relación contigo. Por lo tanto:

"Ni aun en tu pensamiento maldigas al rey, ni en los secretos de tu cámara maldigas al rico; porque las aves del cielo llevarán la voz, y las que tienen alas harán saber la palabra" (Eclesiastés 10:20).

Lo que creas sinceramente como verdad de otro lo despertarás en él.

No es necesario que una persona esté en trance, de la manera corriente, para ser ayudada. Si el individuo no es consciente de la sugestión, y si la sugestión es dada con convicción y aceptada con confianza por el operador como verdadera, entonces tienes el escenario ideal para una oración exitosa.

Imagina mentalmente al sujeto como si ya hubiera hecho lo que deseas que haga. Háblale mentalmente y felicítalo por haber hecho lo que quieres que haga. Visualízalo mentalmente en el estado que deseas que obtenga. Dentro del círculo de su acción, cada palabra dicha subjetivamente despierta objetivamente, lo que afirma.

La incredulidad por parte del sujeto no es obstáculo cuando tú controlas tu ensueño. Una afirmación enérgica por tu parte, mientras te encuentras en un estado parcialmente subjetivo, despierta lo que afirmas. La confianza en ti mismo y la creencia plena en la verdad de tu afirmación mental son todo lo que se necesita para producir resultados.

Visualiza el sujeto e imagina que escuchas su voz. Esto establece el contacto con su mente subjetiva. A continuación, imagina que te dice lo que quieres oír. Si quieres enviarle palabras de salud y riqueza, imagina que te dice: "Nunca me he sentido mejor, y nunca he tenido tanto". Mentalmente, cuéntale de tu alegría al ser testigo de su buena fortuna. Imagina que ves y escuchas su alegría.

Una conversación mental con la imagen subjetiva de otro debe ser de una manera que no exprese ni la más minina duda en cuanto a la verdad de lo que escuchas y dices.

Si tienes la más mínima noción de que no crees lo que has imaginado que has oído y visto, el sujeto no obedecerá, pues tu mente subjetiva solo transmitirá tus ideas fijas. Solo las ideas fijas pueden despertar sus correlatos vibratorios en aquellos hacia quienes se dirigen.

En el ensueño controlado, las ideas deben ser sugeridas con el máximo cuidado. Si no controlas tu imaginación en el ensueño, tu imaginación te controlará a ti.

Cualquier cosa que sugieras con confianza es ley para la mente subjetiva; está obligada a exteriorizar lo que afirmas mentalmente. El sujeto no solo ejecuta el estado afirmado, sino que lo hace como si la decisión hubiera surgido de sí mismo, o la idea o la idea hubiera sido originada por él.

El control del subconsciente es el dominio sobre todo. Cada estado obedece al control de una mente. El control del subconsciente se logra mediante el control de tus creencias, que a su vez es el factor todopoderoso en los estados visibles. La imaginación y la fe son los secretos de la creación.

CAPÍTULO 5

LEY DE TRANSMISIÓN DEL PENSAMIENTO

"Él envió su palabra y los sanó, y los libró de su ruina" (Salmos 107:20)

Él transmitió la conciencia de salud y despertó su correspondencia vibracional en aquel hacia quien iba dirigida. Representó mentalmente al sujeto en estado de salud e imaginó que escuchaba al sujeto confirmarlo. Porque ninguna palabra de Dios está desprovista de poder, "retén la norma de las sanas palabras que has oído".

Para orar con éxito debes tener objetivos claramente definidos. Debes saber lo que quieres antes de pedirlo. Debes saber lo que quieres antes de poder sentir que lo tienes, y la oración es el sentimiento del deseo cumplido.

No importa qué es lo que buscas en la oración, ni dónde está, ni a quién concierne. No tienes nada más que hacer que convencerte de la verdad de aquello que deseas ver manifestado. Cuando sales de la oración, ya no buscas, porque —si has orado correctamente— has asumido subconscientemente la realidad del estado buscado, y por la ley de reversibilidad tu subconsciente debe manifestar aquello que afirma.

Para transmitir una fuerza es necesario un conductor. Puedes emplear un cable, un chorro de agua, una corriente de aire, un rayo de luz o cualquier otro intermediario. El principio del fotófono, o de la transmisión de la voz por la luz, te ayudará a comprender la transmisión del pensamiento, o el envío de una palabra para sanar a otro. Existe una fuerte analogía entre la voz hablada y la voz mental. Pensar es hablar en voz baja, hablar es pensar en voz alta.

El principio del fotófono es el siguiente: Un rayo de luz es reflejado por un espejo y proyectado a un receptor en un punto distante. Detrás del espejo hay una boquilla. Al hablar por la boquilla se hace vibrar el espejo. Un espejo que vibra modifica la luz que se refleja en él. La luz modificada tiene que transportar tu habla, no como habla, sino como representada en su correspondiente mecánico. Esta alcanza la estación distante y repercute en un disco dentro del receptor, hace que el disco vibre según la modificación que experimenta, y reproduce tu voz.

"Yo soy la luz del mundo". Yo soy, el conocimiento de que existo, es una luz mediante la cual se hace visible lo que pasa por mi mente. La memoria, o mi capacidad de ver mentalmente lo que está objetivamente presente, prueba que mi mente es un espejo, un espejo tan sensible que puede reflejar un pensamiento. La percepción de una imagen en la memoria no difiere en absoluto, como acto visual, de la percepción de mi imagen en un espejo. En ambos casos interviene el mismo principio de visión.

Tu conciencia es la luz reflejada en el espejo de tu mente y proyectada en el espacio hacia aquel en quién piensas. Al hablar mentalmente a la imagen subjetiva en tu mente, haces que el espejo de tu mente vibre. La vibración de tu mente modifica la luz de la conciencia que se refleja en ella. La luz de la conciencia modificada llega a aquel hacia quien se dirige e incide en el espejo de su mente; hace que su mente vibre de acuerdo con la modificación que experimenta. Así, reproduce en él lo que fue afirmado mentalmente por ti.

Tus creencias, tus actitudes mentales fijas, modifican constantemente tu conciencia al reflejarse en el espejo de tu mente. Tu conciencia, modificada por tus creencias, se exterioriza en las condiciones de tu mundo. Para cambiar tu mundo, primero debes cambiar tu concepto de él. Para cambiar a una persona, debes cambiar tu concepto de ella. Primero debes creer que es la persona que quieres que sea y hablarle mentalmente como si lo fuera. Todas las personas son suficientemente susceptibles para reproducir tus creencias sobre ellas. Por lo tanto, si tu palabra no se reproduce visiblemente en aquel hacia quien es enviada, la causa hay que buscarla en ti, no en el sujeto. En cuanto crees en la verdad del estado afirmado, los resultados siguen. Todo el mundo puede transformarse; todo pensamiento puede transmitirse; todo pensamiento puede encarnarse visiblemente.

PLEGARIA: EL ARTE DE CREER

Las palabras subjetivas —asunciones subconscientes— despiertan aquello que afirman. Ellas están vivas y activas, y "no volverán a mí vacías, sin haber realizado lo que deseo y logrado el propósito para el cual las envié". Están dotadas de la inteligencia correspondiente a su misión y persistirán hasta que se realice el objetivo de su existencia; persisten hasta que despiertan los correspondientes vibratorios de sí mismas dentro de aquel hacia quien se dirigen, pero en el momento en que se cumple el objeto de su creación desaparecen. La palabra pronunciada subjetivamente, con confianza y serenidad, siempre despertará un estado correspondiente en aquel por quien fue pronunciada; pero en el momento en que su tarea se cumple, desaparece, permitiendo a quien la recibió permanecer en la conciencia del estado afirmado o regresar a su estado anterior.

Cualquier estado que tenga tu atención mantiene tu vida. Por lo tanto, prestar atención a un estado anterior es volver a esa condición.

"Olviden las cosas de antaño; ya no vivan en el pasado" (Isaías 43:18).

Nada puede añadirse al ser humano, pues toda la creación está ya perfeccionada en él. "El reino de los cielos está dentro de ti".

"Ningún hombre puede recibir nada si no le es dado del cielo" (Juan 3:27).

El cielo es tu subconsciente. Ni siquiera una insolación viene de fuera. Los rayos externos solo despiertan los correspondientes rayos internos. Si los quemantes rayos no estuvieran contenidos dentro del individuo, ni todos los rayos concentrados del universo podrían quemarlo. Si los tonos de la salud no estuvieran contenidos dentro de la conciencia de aquel de quien se afirman, no podrían vibrar por la palabra que es enviada. En realidad, no le das a otro, sino que resucitas lo que está dormido en él. "La niña no ha muerto, sino que está dormida". La muerte es simplemente dormir y olvidar. La edad y la decadencia son el sueño —no la muerte— de la juventud y la salud. El reconocimiento de un estado lo hace vibrar o despertar.

La distancia, tal como es conocida por tus sentidos objetivos, no existe para la mente subjetiva.

"Si tomo las alas del alba, y si habito en lo más remoto del mar, aún allí me guiará tu mano". (Salmos 139:9-10)

El tiempo y el espacio son condiciones del pensamiento; la imaginación puede trascenderlos y moverse en un tiempo y espacio psicológicos.

Aunque estés físicamente separado de un lugar por miles de kilómetros, puedes vivir mentalmente en el lugar lejano como si estuviera aquí. Tu imaginación puede transformar fácilmente el invierno en verano, Nueva York en Florida, o cualquier otra cosa. Ya sea que el objeto de tu deseo esté cerca o lejos, los resultados serán los mismos. Subjetivamente, el objeto de tu deseo nunca está lejos; su intensa cercanía lo convierte en algo alejado de la observación de los sentidos. Habita en la conciencia, y la conciencia está más cerca que la respiración y más cerca que las manos y los pies.

La conciencia es la única realidad. Todos los fenómenos están formados por la misma sustancia que vibra a diferentes velocidades. De la conciencia salí yo como hombre, y a la conciencia regreso yo como hombre. En la conciencia todos los estados existen subjetivamente, y son despertados a su existencia objetiva por la creencia. Lo único que nos impide hacer una impresión subjetiva exitosa en alguien a gran distancia, o de transformar allí en aquí, es nuestro hábito de considerar el espacio como un obstáculo.

Un amigo que se encuentra a miles de kilómetros de distancia está arraigado en tu conciencia a través de las ideas fijas que tienes sobre él. Pensar en él y representarlo interiormente en el estado que deseas que se encuentre, confiando en que esta imagen subjetiva es tan verdadera como si ya estuviera manifestada, despierta en él un estado correspondiente que debe manifestar.

Los resultados serán tan evidentes como oculta era la causa. El sujeto expresará el estado despertado en su interior y permanecerá inconsciente de la verdadera causa de su acción. Tu ilusión de libre albedrío no es más que la ignorancia de las causas que te hacen actuar.

El éxito de las oraciones depende de tu actitud mental y no de la actitud del sujeto. El sujeto no tiene poder para resistir tus ideas subjetivas controladas sobre él, a menos que el estado afirmado por ti como verdadero de él sea un estado que él sea incapaz de desear como verdadero en otro. En tal caso, vuelve a ti, el emisor, y se realizará en ti.

Siempre que la idea sea aceptable, el éxito depende enteramente del operador y no del sujeto que, como las agujas de una brújula en sus ejes, son bastante indiferentes en cuanto a la dirección que decidas darles. Si tu idea fija no es aceptada subjetivamente por aquel a quien va dirigida, rebota hacia ti, de quien provino.

"¿Quién les podrá hacer daño a ustedes si demuestran tener celo por lo bueno?"
(1 Pedro 3:13)

"Yo fui joven, y ya soy viejo; y no he visto al justo desamparado, ni a su descendencia mendigando pan" (Salmos 37:25)

"Ningún daño sobreviene al justo"
(Proverbios 12:21)

No nos ocurre nada que no sea de nuestra propia naturaleza. Una persona que dirige un pensamiento malicioso a otra se verá perjudicada por su rebote si no consigue la aceptación subconsciente de la otra. "Como siembres, así cosecharás." Además, lo que puedes desear y creer de otro puede ser deseado y creído de ti, y no tienes poder para rechazarlo si el que lo desea para ti lo acepta como verdadero para ti.

El único poder para rechazar una palabra subjetiva es ser incapaz de desear un estado similar en otro —dar presupone la capacidad de recibir. La posibilidad de imprimir una idea sobre otra mente presupone la capacidad de esa mente de recibir esa impresión. Los necios explotan el mundo; los sabios lo transforman.

Es la más alta sabiduría saber que en el universo viviente no hay más destino que el creado por la imaginación humana. No hay ninguna influencia fuera de la mente del individuo.

"Todo lo que es verdadero, todo lo honorable, todo lo justo, todo lo puro, todo lo amable, todo lo que es de buen nombre, si hay virtud alguna, si hay algo que merece alabanza, en esto piensen" (Filipenses 4:8)

Nunca aceptes como verdad de los demás lo que no te gustaría que fuera verdad para ti.

Para despertar un estado en otro, primero debe estar despierto en ti. El estado que transmitirías a otro solo puede ser transmitido si es creído por ti. Por lo tanto, dar es recibir. No puedes dar lo que no tienes y solo tienes lo que crees. Entonces, creer que un estado es verdadero en otro, no solamente despierta ese estado dentro del otro, sino que lo hace vivir dentro de ti. Eres lo que crees.

"Den, y les será dado; medida buena, apretada, remecida y rebosante" (Lucas 6:38)

Dar es simplemente creer, porque lo que realmente crees de los demás lo despertarás en ellos. El estado vibratorio transmitido por tu creencia persiste hasta que despierta su vibración correspondiente en aquel de quien se cree.

Pero antes de que pueda ser transmitido, debe primero estar despierto dentro del transmisor. Todo lo que está despierto en tu conciencia, eso eres.

No importa si la creencia pertenece a uno mismo o a otro, porque el creyente se define por la suma total de sus creencias o asunciones subconscientes.

"Como un hombre piensa en su corazón" —en lo más profundo de su subconsciente— "así es él."

Ignora las apariencias y afirma subjetivamente como verdadero lo que deseas que sea verdad. Esto despierta en ti el tono del estado afirmado, el cual, a su vez, se manifiesta en ti y en aquel de quien se afirma. Da y recibirás. Invariablemente, las creencias despiertan aquello que afirman. El mundo es un espejo en el que cada uno se ve a sí mismo reflejado. El mundo objetivo refleja las creencias de la mente subjetiva.

Algunas personas se impresionan mejor con imágenes visuales, otras con sonidos mentales y otras con acciones mentales. La forma de actividad mental que permite que todo el poder de tu atención se concentre en una dirección elegida es la que debes cultivar, hasta que puedas hacer que todas ellas actúen al mismo tiempo en tu objetivo.

Si tienes dificultades para entender los términos "imágenes visuales", "sonidos mentales" y "acciones mentales", aquí tienes una ilustración que te aclarará su significado: (X) imagina que ve una pieza musical, sin saber nada sobre las notaciones musicales. La impresión en su mente es puramente una imagen visual. (Y) imagina que ve la misma pieza, pero sabe leer música y puede imaginar como sonaría al tocarla al piano; esa imaginación es sonido mental. (Z) también lee música y es un pianista; mientras lee, se imagina tocando la pieza. La acción imaginaria es acción mental.

Las imágenes visuales, los sonidos mentales y las acciones mentales son creaciones de tu imaginación, y aunque parecen venir de fuera, en realidad vienen de dentro de ti mismo. Se mueven como si las moviera otro, pero en realidad las lanza tu propio espíritu desde el almacén mágico de la imaginación. Se proyectan en el espacio por la misma ley vibratoria que gobierna el envío de una voz o una imagen. El habla y las imágenes se proyectan no como habla o imágenes, sino como correspondencias vibratorias. La mente subjetiva vibra según las modificaciones que sufre por el pensamiento y los sentimientos del operador. El estado visible creado es el efecto de las vibraciones subjetivas. Un sentimiento va siempre acompañado de una vibración correspondiente, es decir, de un cambio de expresión o de sensación en el operador.

No hay pensamiento ni sentimiento sin expresión. Por muy carente de emociones que parezcas estar si reflexionas con cualquier grado de intensidad, siempre hay una ejecución de ligeros movimientos musculares. Los ojos, aunque cerrados, siguen los movimientos de los objetos imaginarios y la pupila se dilata o se contrae según el brillo o la lejanía de esos objetos; la respiración se acelera o se retarda, según el curso de tus pensamientos; los músculos se contraen correspondientemente a tus movimientos mentales.

Este cambio de vibración persiste hasta que despierta una vibración correspondiente en el sujeto, vibración que se expresa entonces en un hecho físico.

"Y la palabra se hizo carne" (Juan 1:14)

La energía, como ves en el caso de la radio, se transmite y se recibe en un "campo", un lugar donde se producen cambios en el espacio. El campo y la energía son uno e inseparables. El campo o sujeto se convierte en la encarnación de la palabra o energía recibida. El pensador y el pensamiento, el operador y el sujeto, la energía y el campo son uno. Si estuvieras lo suficientemente quieto para escuchar el sonido de tus creencias, sabrías lo que significa "la música de las esferas". El sonido mental que escuchas en la oración como si viniera de fuera, en realidad lo produces tú mismo. La autoobservación revelará este hecho.

Del mismo modo que la música de las esferas se define como la armonía que solo escuchan los dioses, y se supone que es producida por los movimientos de las esferas celestiales, así también la armonía que escuchas subjetivamente para los demás, solo la escuchas tú y es producida por los movimientos de tus pensamientos y sentimientos en el verdadero reino o "cielo dentro de ti".

CAPÍTULO 6

BUENAS NOTICIAS

"Qué hermosos son sobre los montes los pies de aquel que trae buenas nuevas, del que anuncia la paz, del que trae las buenas nuevas de gozo, del que anuncia la salvación" (Isaías 52:7).

Una manera muy eficaz de llevar buenas noticias a otro es llamar ante los ojos de tu mente la imagen subjetiva de la persona a la que deseas ayudar y hacer que afirme lo que deseas que haga. Escúchale mentalmente decirte que lo ha hecho. Esto despertará en su interior el correspondiente vibracional del estado afirmado, cuya vibración persistirá hasta que su misión se cumpla. No importa lo que desees que se haga, ni a quién elijas para hacerlo. Tan pronto como afirmas subjetivamente que está hecho, los resultados siguen.

El fracaso solo puede producirse si no aceptas la verdad de tu afirmación o si el estado afirmado no fuera deseado por el sujeto para sí mismo o para otro. En este último caso, el estado se realizaría en ti, el operador.

El hábito aparentemente inofensivo de "hablar consigo mismo" es la forma más fructífera de oración. Una discusión mental con la imagen subjetiva de otro es la forma más segura de orar por una discusión. Estás pidiendo ser ofendido por el otro cuando lo encuentres objetivamente. Él se ve obligado a actuar de una manera desagradable hacia ti, a menos que, antes del encuentro, anules o modifiques tu orden, afirmando subjetivamente un cambio.

Desafortunadamente, el individuo olvida sus discusiones subjetivas, sus conversaciones mentales cotidianas con los demás, y así pierde la explicación de los conflictos y desgracias de su vida.

Así como las discusiones mentales producen conflictos, las conversaciones mentales felices producen los correspondientes estados visibles de buenas nuevas. El individuo se crea a sí mismo a partir de su propia imaginación.

Si el estado deseado es para ti mismo, y te resulta difícil aceptar como verdadero lo que tus sentidos niegan, trae ante el ojo de tu mente la imagen subjetiva de un amigo y mentalmente hazle afirmar que eres aquello que deseas ser. Esto establece en él, sin su consentimiento o conocimiento consciente, la asunción subconsciente de que eres eso que él afirmó mentalmente. Esta asunción, al ser asumida inconscientemente, persistirá hasta que cumpla su misión. Su misión es despertar en ti correspondiente vibratorio, cuya vibración al despertarse en ti se realiza como un hecho objetivo.

Otra forma muy eficaz de orar por uno mismo es utilizar la fórmula de Job, que comprobó que su propio cautiverio desaparecía cuando oraba por sus amigos. Fija tu atención en un amigo y haz que la voz imaginaria de tu amigo te diga que él es o tiene aquello que es comparable a lo que tú deseas ser o tener. Mientras lo escuchas y lo ves mentalmente, siente la emoción de su buena suerte y deséale sinceramente lo mejor. Esto despierta en él la vibración correspondiente al estado afirmado, vibración que debe entonces manifestarse como un hecho físico. Descubrirás la verdad de la declaración:

"Bienaventurados los misericordiosos, pues ellos recibirán misericordia" (Mateo 5:7)

"La cualidad de la misericordia es doblemente bendita: bendice a quien la toma y a quien la da". El bien que aceptas subjetivamente como verdadero de los demás no solo será expresado por ellos, sino que una parte completa será realizada por ti.

Las transformaciones nunca son totales. La fuerza A siempre transforma en algo más que una fuerza B. Un golpe con un martillo no solo produce una conmoción mecánica, sino también calor, electricidad, un sonido, un cambio magnético, etcétera. El correlativo vibratorio en el sujeto no es toda la transformación del sentimiento comunicado. El regalo transmitido a otro es como la medida divina, fluyendo, rebosando, de modo que, después de alimentar a cinco mil con los cinco panes y los dos peces, sobran doce canastos llenos.

CAPÍTULO 7

LA PLEGARIA MÁS GRANDE

La imaginación es el principio de la creación. Imaginas lo que deseas y luego crees que es verdad.

Todo sueño puede hacerse realidad si se tiene la autodisciplina suficiente para creer en él. Las personas son lo que tú decides que sean; una persona es lo que es según cómo la mires. Debes mirarla con otros ojos antes de que cambie objetivamente.

"Dos hombres miraban desde los barrotes de la prisión, uno miraba el barro y el otro miraba las estrellas".

Hace siglos, Isaías preguntó:

"¿Quién es ciego, sino mi siervo, o tan sordo como el mensajero a quien envío? ¿Quién es tan ciego como el que está en paz conmigo, o tan ciego como el siervo del Señor?". (Isaías 42:19)

El ser perfecto no juzga por las apariencias, sino que juzga correctamente. Ve a los demás como desea que sean; oye solo lo que quiere oír. Solo ve el bien en los demás. En él no hay condenación porque transforma el mundo con ver y escuchar.

"El rey que se sienta sobre el trono del juicio, disipa con sus ojos todo mal". (Proverbios 20:8)

La lástima por los seres vivos —el acuerdo con las limitaciones humanas— no está en la conciencia del rey, porque ha aprendido a separar sus falsos conceptos de su verdadero ser. Para él, la pobreza no es más que el sueño de la riqueza. No ve orugas, sino pintorescas mariposas por nacer; no ve el invierno, sino el verano dormido; no ve una persona necesitada, sino a Jesús dormido.

Jesús de Nazaret, que dispersó el mal con su mirada, está dormido en la imaginación de cada ser humano, y cada persona debe despertarlo de su propia imaginación afirmando subjetivamente: "Yo Soy Jesús". Entonces, y solo entonces, podrá ver a Jesús, porque el individuo solo puede ver lo que está despierto dentro de sí mismo.

El vientre santo es la imaginación del individuo. El santo niño es ese concepto de sí mismo que se ajusta a la definición de perfección de Isaías. Presta atención a las palabras de San Agustín:

"Demasiado tarde te he amado, porque he aquí que estabas dentro y fue fuera que te busqué".

Es a tu propia conciencia a la que debes dirigirte como a la única realidad. Allí, y solo allí, despiertas lo que está dormido. "Aunque naciera mil veces Cristo en Belén, si no nace de en ti, tu alma sigue desamparada".

La creación está terminada. Tú llamas a tu creación, sintiendo la realidad del estado que convocas. Un estado de ánimo atrae sus afinidades, pero no crea lo que atrae. Así como el sueño es llamado sintiendo "tengo sueño", así también Jesucristo es llamado sintiendo "yo soy Jesucristo".

El individuo solo se ve a sí mismo. Nada le sucede que no sea de su propia naturaleza. Las personas emergen de la masa traicionando su estrecha afinidad con sus estados de ánimo, a medida que se engendran. Las encuentras aparentemente por casualidad, pero descubres que son íntimas de tu estado de ánimo. Dado que tus estados de ánimo se exteriorizan continuamente, a partir de ellos, podrías profetizar que, sin buscarlos, pronto conocerías a ciertos individuos y te encontrarías con ciertas condiciones. Por lo tanto, llama al ser perfecto, viviendo en el sentimiento "Yo Soy Cristo", pues Cristo es el único concepto del ser a través del cual pueden verse las realidades desveladas de la eternidad.

Nuestro comportamiento está influenciado por nuestra asunción subconsciente con respecto a nuestro propio rango social e intelectual, y el de aquel a quien nos dirigimos. Busquemos y evoquemos el mayor rango, y el más noble de todos es el que despoja al individuo de su mortalidad y lo viste de soberana gloria inmortal.

Asumamos el sentimiento "Yo Soy Cristo", y todo nuestro comportamiento cambiará sutil e inconscientemente de acuerdo con la asunción.

Nuestras asunciones subconscientes se exteriorizan continuamente para que otros puedan vernos conscientemente como nos vemos subconscientemente a nosotros mismos, y nos digan por sus acciones lo que subconscientemente hemos supuesto que somos. Por lo tanto, asumamos el sentimiento "Yo Soy Cristo", hasta que nuestra afirmación consciente se convierta en nuestra asunción subconsciente de que:

"Todos nosotros, con el rostro descubierto, contemplando como en un espejo la gloria del Señor, estamos siendo transformados en la misma imagen de gloria en gloria".
(2 Corintios 3:18).

Dejemos que Dios despierte y que sus enemigos sean destruidos. No hay plegaria más grande para el ser humano.

FUERA DE
ESTE MUNDO

NEVILLE

CONTENIDOS

CAPÍTULO 1

PENSANDO CUATRIDIMENSIONALMENTE

"Y les he dicho ahora, antes que suceda, para que cuando suceda, crean". (Juan 14:29)

Muchas personas, entre las que me incluyo, han observado acontecimientos antes de que ocurrieran, es decir, antes de que ocurrieran en este mundo de tres dimensiones. Ya que es posible observar un evento antes de que ocurra dentro del espacio tridimensional, la vida en la Tierra debe desarrollarse según un plan, y este plan debe existir en otro lugar, en otra dimensión, y desplazarse lentamente a través de nuestro espacio.

Si los acontecimientos que ocurren no estaban en este mundo cuando fueron observados, entonces, para ser perfectamente lógico, deben haber estado fuera de este mundo. Y todo lo que está allí para ser visto antes de que ocurra aquí debe estar "predeterminado" desde el punto de vista del ser despierto en un mundo tridimensional.

Entonces, surge la pregunta: ¿somos capaces de alterar nuestro futuro? Mi objetivo en escribir estas páginas es indicar las posibilidades inherentes al ser humano, para demostrar que él sí puede alterar su futuro; pero, una vez alterado, forma nuevamente una secuencia predeterminada a partir del punto de interferencia—un futuro que será consistente con la alteración.

La característica más notable del futuro del individuo es su flexibilidad. Está determinado por sus actitudes, más que por sus actos. La piedra angular en la que se basan todas las cosas es el concepto que el individuo tiene de sí mismo. Él actúa de la manera en que lo hace y tiene las experiencias que tiene, por el concepto que tiene de sí mismo, y por ninguna otra razón. Si tuviera un concepto diferente de sí mismo, actuaría de manera diferente. Un cambio en el concepto de sí mismo, automáticamente altera su futuro: y un cambio en cualquier término de sus futuras series de experiencias, recíprocamente altera su concepto de sí mismo.

Las asunciones del individuo, que él considera insignificantes, producen efectos que son considerables; por lo tanto, debería revisar la valorización que le da a una asunción y reconocer su poder creativo.

Todos los cambios tienen lugar en la conciencia. El futuro, aunque esté preparado de antemano en todos sus detalles, tiene varios desenlaces. En cada momento de nuestras vidas tenemos ante nosotros la elección de cuál de los varios futuros elegiremos.

Hay dos perspectivas reales del mundo que posee cada uno: un enfoque natural y un enfoque espiritual. Los antiguos maestros llamaban a uno "la mente carnal", y al otro "la mente de Cristo". Podemos diferenciarlos como: la conciencia despierta común —gobernada por nuestros sentidos; y una imaginación controlada —gobernada por el deseo.

Reconocemos estos dos distintos centros de pensamiento en esta declaración:

"Pero el hombre natural no acepta las cosas del Espíritu de Dios, porque para él son necedad; y no las puede entender, porque son cosas que se disciernen espiritualmente" (1 Corintios 2:14).

La visión natural limita la realidad al momento llamado "ahora". Para la visión natural, el pasado y el futuro son solamente imaginarios. La visión espiritual, en cambio, ve los contenidos del tiempo. Ve los acontecimientos como objetos distintos y separados en el espacio. El pasado y el futuro son un todo presente para el punto de vista espiritual. Lo que es mental y subjetivo para el ser natural es concreto y objetivo para el ser espiritual.

El hábito de ver solo lo que nuestros sentidos nos permiten, nos deja completamente ciegos a lo que de otra manera podríamos ver. Para cultivar la facultad de ver lo invisible, con frecuencia debemos desapegar deliberadamente nuestra mente de la evidencia de los sentidos y enfocar nuestra atención en un estado invisible, sintiéndolo y percibiéndolo mentalmente hasta que tenga toda la nitidez de la realidad.

El pensamiento serio y concentrado, enfocado en una dirección particular, excluye otras sensaciones y las hace desaparecer. Solo debemos concentrarnos en el estado deseado para poder verlo. El hábito de retirar la atención de la región de la sensación y concentrarla en lo invisible desarrolla nuestra perspectiva espiritual y nos permite penetrar más allá del mundo de los sentidos y ver lo que es invisible.

> "Porque desde la creación del mundo, sus atributos invisibles, su eterno poder y divinidad, se han visto con toda claridad" (Romanos 1:20).

Esta visión es completamente independiente de las facultades naturales. Ábrela y vivifícala. Sin ella, estas instrucciones son inútiles, porque "las cosas del espíritu se disciernen espiritualmente".

Un poco de práctica nos convencerá de que, al controlar nuestra imaginación, podemos reestructurar nuestro futuro en armonía con nuestro deseo. El deseo es el motor de la acción. No podríamos mover ni un solo dedo si no tuviéramos el deseo de moverlo. No importa lo que hagamos, seguimos el deseo que en ese momento domina nuestra mente. Cuando rompemos un hábito, nuestro deseo de romperlo es más grande que nuestro deseo de continuar con el hábito.

Los deseos que nos impulsan a la acción son los que mantienen nuestra atención. Un deseo no es más que ser conscientes de algo que nos falta o que necesitamos para hacer nuestra vida más agradable. Los deseos siempre tienen alguna ganancia personal en vista, cuanto mayor sea la ganancia esperada, más intenso es el deseo. No hay ningún deseo absolutamente desinteresado. Donde no hay nada que ganar, no hay deseo y, en consecuencia, no hay acción.

El ser espiritual le habla al ser natural a través del lenguaje del deseo. La clave del progreso en la vida y de la realización de los sueños reside en la obediencia inmediata a su voz. La obediencia sin vacilaciones a su voz es la asunción inmediata del deseo cumplido. Desear un estado es tenerlo. Desear un estado es tenerlo. Como dijo Pascal: "No me habrías buscado si no me hubieras encontrado".

El individuo, al asumir el sentimiento de su deseo cumplido, y luego al vivir y actuar de acuerdo con esta convicción, altera el futuro en armonía con su asunción.

Las asunciones despiertan lo que afirman. Tan pronto como la persona asume el sentimiento de su deseo cumplido, su ser cuatridimensional encuentra los medios para alcanzar ese fin, descubre los métodos para su realización. No conozco ninguna definición más clara de los medios por los que realizamos nuestros deseos que experimentar en la imaginación lo que experimentaríamos en la carne si cumpliéramos nuestro objetivo. Esta experiencia del final, determina los medios. Con su perspectiva más amplia, el yo cuatridimensional construye los medios necesarios para realizar el final aceptado.

A la mente indisciplinada le parece muy difícil asumir un estado que es negado por los sentidos. Aquí hay una técnica que facilita el encuentro con los acontecimientos antes de que ocurran, para: "Llamar a las cosas que no existen, como si existieran" (Romanos 4:17). La gente tiene la costumbre de menospreciar la importancia de las cosas simples, pero esta sencilla fórmula para cambiar el futuro fue descubierta después de años de búsqueda y experimentación:

El primer paso para cambiar el futuro es el deseo, es decir, debes definir tu objetivo, debes saber definitivamente lo que quieres.

El segundo paso es construir acontecimiento con el que creas que te encontrarías tras la realización de tu deseo —un evento que implique el cumplimiento de tu deseo— algo en que tenga la acción del yo predominante.

El tercer paso es inmovilizar el cuerpo físico e inducir una condición parecida al sueño. Recuéstate en una cama o relájate en una silla e imagina que tienes sueño, luego, con los ojos cerrados y tu atención enfocada en la acción que pretendes experimentar —en la imaginación— siente mentalmente que estás justo en medio de la acción propuesta, imaginando todo el tiempo que realmente estás realizando la acción aquí y ahora. Siempre debes participar en la acción imaginaria, no simplemente quedarte mirando, sino que debes sentir que realmente estás haciendo la acción para que la sensación imaginaria sea real para ti.

Es importante recordar siempre que la acción propuesta debe ser aquella que sigue al cumplimiento de tu deseo y, además, debes sentirte dentro de la acción hasta que tenga toda la vivacidad y distinción de la realidad. Por ejemplo, supongamos que deseas una promoción en la oficina. Ser felicitado sería un acontecimiento que se produciría tras la realización de tu deseo. Habiendo seleccionado esta acción como la que experimentarás en la imaginación, inmoviliza el cuerpo físico e induce un estado próximo al sueño — un estado somnoliento— pero en el que todavía eres capaz de controlar la dirección de tus pensamientos, un estado en el que estás atento sin esfuerzo. Ahora, imagina que tienes delante a un amigo. Pon tu mano imaginaria en la suya. Primero siéntela como sólida y real, luego mantén una conversación imaginaria con él en armonía con la acción. No te visualices a distancia en un punto en el espacio, ni a distancia en un punto en el tiempo, siendo felicitado por tu buena fortuna. En lugar de eso, haz que ese lugar sea aquí, y que el futuro sea ahora. El acontecimiento futuro es ahora una realidad en un mundo dimensionalmente más grande y, aunque parezca increíble, ahora, en un mundo dimensionalmente más grande, es equivalente a aquí, en el espacio tridimensional común de la vida cotidiana.

La diferencia entre sentirte en la acción, aquí y ahora, y visualizarte en acción, como si estuvieras en una pantalla cinematográfica, es la diferencia entre el éxito y el fracaso. Se apreciará la diferencia si ahora te visualizas subiendo una escalera. Luego, con los ojos cerrados, imagina que hay una escalera justo delante de ti y siente que realmente la estás subiendo.

El deseo, la inmovilidad física bordeando el sueño y la acción imaginaria, en la que predomina el sentimiento del yo, aquí y ahora, no son solo factores importantes para alterar el futuro, sino que son condiciones esenciales para proyectar conscientemente el yo espiritual. Si nos apoderamos de la idea de hacer algo, cuando el cuerpo físico está inmovilizado, e imaginamos que lo estamos haciendo aquí y ahora, y mantenemos esa acción imaginaria con sentimiento hasta que nos quedemos dormidos, es probable que despertemos fuera del cuerpo físico y nos encontremos en un mundo dimensionalmente más grande, con un enfoque dimensionalmente más grande, y realmente haciendo lo que deseábamos e imaginábamos que estábamos haciendo en la carne. Sin embargo, tanto si despertamos allí como si no, en realidad estamos realizando la acción en el mundo cuatridimensional, y la volveremos a representar en el futuro, aquí en el mundo tridimensional.

La experiencia me ha enseñado a restringir la acción imaginaria, a condensar la idea que será el objeto de nuestra meditación en un solo acto, y a recrearlo una y otra vez hasta que tenga la sensación de realidad. De lo contrario, la atención divagará en una vía asociativa y se presentarán a nuestra atención una multitud de imágenes asociadas. En unos pocos segundos nos llevarán a cientos de kilómetros de nuestro objetivo en un punto en el espacio, y a años de distancia en el tiempo. Si decidimos subir un determinado tramo de escaleras, porque es lo que probablemente seguirá a la realización de nuestro deseo, debemos limitar la acción a subir ese tramo en concreto.

Si nuestra atención se desvía, debemos volver a la tarea de subir las escaleras y seguir haciéndolo hasta que la acción imaginaria tenga toda la solidez y la nitidez de la realidad. La idea debe mantenerse en el campo de la atención sin ningún tipo de esfuerzo sensorial de nuestra parte. Con el mínimo esfuerzo, debemos impregnar la mente con el sentimiento del deseo cumplido.

La somnolencia facilita el cambio porque favorece la atención sin esfuerzo, pero no debe llevarse al estado de sueño, en el que ya no seremos capaces de controlar los movimientos de nuestra atención, sino a un grado moderado de somnolencia en el que aún seamos capaces de dirigir nuestros pensamientos.

La manera más efectiva de encarnar un deseo es asumir el sentimiento del deseo cumplido y luego, en un estado relajado y somnoliento, repetir una y otra vez, como una canción de cuna, cualquier frase corta que implique el cumplimiento de nuestro deseo, como, por ejemplo: "Gracias", como si nos dirigiéramos a un poder superior, por haberlo hecho por nosotros. No obstante, si buscamos una proyección consciente en un mundo dimensionalmente más grande, entonces debemos mantener la acción hasta que nos quedemos dormidos.

Experimenta en la imaginación, con toda la nitidez de la realidad, lo que experimentarías en la carne si lograras tu objetivo y, con el tiempo, lo encontrarás en la carne como lo encontraste en tu imaginación.

Alimenta la mente con premisas, es decir, con afirmaciones que se presumen verdaderas, porque las asunciones, aunque sean irreales para los sentidos, si se

NEVILLE GODDARD

persiste en ellas hasta que tengan la sensación de realidad, se convertirán en hechos. Para una asunción, todos los medios que promueven su realización son buenos. Influye en el comportamiento de todos, inspirando los movimientos, las acciones y las palabras que tienden a su realización.

Para comprender cómo el individuo moldea su futuro en armonía con su asunción, debemos saber a qué nos referimos cuando hablamos de un mundo dimensionalmente más grande, porque es a un mundo dimensionalmente más grande al que nos dirigimos para alterar nuestro futuro. La observación de un acontecimiento antes de que ocurra implica que el acontecimiento está predeterminado desde el punto de vista de la persona en el mundo tridimensional. Por lo tanto, para cambiar las condiciones aquí en las tres dimensiones del espacio, primero debemos cambiarlas en las cuatro dimensiones del espacio.

La gente no sabe exactamente lo que significa un mundo dimensionalmente más grande, y sin duda negaría la existencia de un yo dimensionalmente más grande. Conoce perfectamente las tres dimensiones de longitud, anchura y altura, y cree que si existiera una cuarta dimensión, le resultaría tan evidente como las dimensiones de longitud, anchura y altura.

Una dimensión no es una línea, sino cualquier forma en la que pueda medirse una cosa que sea totalmente distinta de todas las demás formas. Es decir, para medir a un sólido cuatridimensionalmente, basta con medirlo en

156

cualquier dirección, excepto la de su longitud, anchura y altura.

¿Existe otra forma de medir un objeto que no sea su longitud, anchura y altura? El tiempo mide mi vida sin emplear las tres dimensiones de longitud, anchura y altura. No existe algo así como un objeto instantáneo. Su aparición y desaparición son medibles. Tiene una duración determinada. Podemos medir su duración sin utilizar las dimensiones de longitud, anchura y altura. Definitivamente, el tiempo es una cuarta forma de medir un objeto.

Cuantas más dimensiones tenga un objeto, más sustancial y real se convierte. Una línea recta, que se encuentra enteramente en una dimensión, adquiere forma, masa y sustancia mediante la adición de dimensiones. ¿Qué cualidad nueva aportaría el tiempo, la cuarta dimensión, que lo haría muy superior a los sólidos, como los sólidos lo son a las superficies y las superficies a las líneas? El tiempo es un medio para los cambios en la experiencia, porque todos los cambios requieren tiempo. La nueva cualidad es la cambiabilidad.

Observa que si bisecamos un sólido, su sección transversal será una superficie; bisecando una superficie, obtenemos una línea, y bisecando una línea, obtenemos un punto. Esto significa que un punto no es más que la sección transversal de una línea, lo que, a su vez, no es más que una sección transversal de una superficie, lo que, a su vez, no es más que la sección transversal de un sólido, lo que, a su vez, si se lleva a su conclusión lógica, no es más que la sección transversal de un objeto cuatridimensional.

No podemos evitar la conclusión de que todos los objetos tridimensionales no son más que secciones transversales de cuerpos cuatridimensionales. Lo que significa que cuando me encuentro contigo, me encuentro con una sección transversal de tu ser cuatridimensional — el ser cuatridimensional que no se ve.

Para ver el ser cuatridimensional, debo ver cada sección transversal o momentos de tu vida, desde el nacimiento hasta la muerte, y verlos todos como coexistentes. Mi enfoque debería abarcar toda la gama de impresiones sensoriales que has experimentado en la Tierra, además de aquellas con las que podrías encontrarte. Debería verlas, no en el orden en que las experimentaste, sino como un todo presente. Puesto que el cambio es la característica de la cuarta dimensión, debería verlas en un estado de flujo como un todo vivo y animado.

Si tenemos todo esto claramente fijo en nuestra mente, ¿qué significa para nosotros en este mundo tridimensional? Significa que, si podemos movernos en la longitud del tiempo, podemos ver el futuro y alterarlo como queramos. Este mundo, que nos parece tan sólidamente real, es una sombra de la que podemos salir y más allá de la cual podemos pasar en cualquier momento. Es una abstracción de un mundo más fundamental y dimensionalmente más grande, un mundo más fundamental abstraído de un mundo aún más fundamental y dimensionalmente aún más grande, y así sucesivamente hasta el infinito. El absoluto es inalcanzable bajo cualquier medio o análisis, no importa cuántas dimensiones añadamos al mundo.

El individuo puede probar la existencia de un mundo dimensionalmente más grande simplemente enfocando su atención en un estado invisible e imaginando que lo ve y lo siente. Si permanece concentrado en ese estado, su entorno actual desaparecerá y despertará en un mundo dimensionalmente más grande, donde el objeto de su contemplación será visto como una realidad objetiva concreta. Intuitivamente, siento que si abstrajera sus pensamientos de este mundo dimensionalmente más grande y se retirara aún más adentro de su mente, volvería a producir una exteriorización del tiempo. Descubriría que cada vez que se retira a su mente interior y trae una exteriorización del tiempo, el espacio se vuelve dimensionalmente más grande. Por lo tanto, concluiría que tanto el tiempo como el espacio son seriales, y que el drama de la vida no es más que la escalada de un multitudinario bloque de tiempo dimensional.

Los científicos algún día explicarán por qué existe un universo serial. Pero, en la práctica, es más importante cómo utilizamos este universo serial para cambiar el futuro. Para cambiar el futuro, solo tenemos que ocuparnos de dos mundos en la serie infinita, el mundo que conocemos en razón de nuestros órganos corporales, y el mundo que percibimos independientemente de nuestros órganos corporales.

CAPÍTULO 2

LAS ASUNCIONES SE CONVIERTEN EN HECHOS

Las personas creen en la realidad del mundo exterior porque no saben cómo enfocar y condensar sus poderes para penetrar su fina corteza. Este libro tiene un solo propósito: remover el velo de los sentidos —el viaje a otro mundo.

Para remover el velo de los sentidos no empleamos un gran esfuerzo; el mundo objetivo se desvanece al quitar nuestra atención de él. Solo tenemos que concentrarnos en el estado deseado, para verlo mentalmente, pero para darle realidad, para que se convierta en un hecho objetivo. Debemos enfocar nuestra atención en el estado invisible hasta que tenga la sensación de realidad.

En el momento en que, mediante la atención concentrada, nuestro deseo parece poseer la nitidez y el sentimiento de la realidad, le hemos otorgado el derecho a convertirse en un hecho concreto visible.

Si te resulta difícil controlar la dirección de tu atención mientras estás en un estado próximo al sueño, te será de gran ayuda observar fijamente a un objeto. No mires su superficie, sino dentro y más allá de cualquier objeto plano, como una pared, una alfombra, o cualquier otro objeto que posea profundidad. Arréglalo para que devuelva el menor reflejo posible. Imagina entonces que en esta profundidad estás viendo y escuchando lo que quieres ver y escuchar hasta que tu atención esté exclusivamente ocupada por el estado imaginario.

Al final de tu meditación, cuando despiertes de tu ensueño controlado, te sentirás como si hubieras regresado de una gran distancia. El mundo visible que habías dejado afuera, ahora vuelve a la conciencia y con su sola presencia te informa que has sido autoengañado al creer que el objeto de tu contemplación era real. No obstante, si sabes que la conciencia es la única realidad, permanecerás fiel a tu visión y, con esta actitud mental sostenida, confirmarás tu don de realidad, y demostrarás que tienes el poder de dar realidad a tus deseos para que se conviertan en hechos concretos visibles.

Define tu ideal y concentra tu atención en la idea de identificarte con tu ideal. Asume el sentimiento de serlo, el sentimiento que sería tuyo si ya fueras la encarnación de tu ideal. Luego, vive y actúa según esta convicción. Esta asunción, aunque sea negada por los sentidos, si se persiste en ella, se convertirá en un hecho. Sabrás cuando hayas tenido éxito en fijar el estado deseado en la conciencia, simplemente mirando mentalmente a las personas que conoces. En los diálogos contigo mismo eres menos inhibido y más sincero que en las conversaciones reales con los demás, por lo tanto, la oportunidad de autoanálisis surge cuando te sorprendes en tus conversaciones mentales con los demás. Si los ves como los veías anteriormente, no has cambiado tu concepto de ti mismo, porque todos los cambios en el concepto de ti mismo tienen como resultado un cambio en la relación con tu mundo.

En tu meditación, permite que los demás te vean como te verían si este nuevo concepto de ti mismo ya fuera un hecho concreto. Siempre parecerás a los demás una encarnación del ideal que inspiras. Por lo tanto, en la meditación, cuando contemples a los demás, debes ser visto por ellos mentalmente como te verían físicamente si tu concepto de ti mismo fuera un hecho objetivo; es decir, en la meditación imagina que te ven expresando aquello que deseas ser.

Si asumes que eres lo que quieres ser, tu deseo se realiza y, con la realización, se neutraliza todo anhelo. No puedes seguir deseando lo que ya has conseguido. Tu deseo no es algo que te esfuerzas por conseguir, es reconocer algo que ya posees. Es asumir el sentimiento de ser aquello que deseas ser. Creer y ser son una sola cosa. El que concibe y su concepción son uno, por lo tanto, aquello que tú concibes que eres nunca puede estar tan lejos, ni tampoco tan cerca, pues la cercanía implica separación.

"Si puedes creer, al que cree todo le es posible" (Marcos 9: 23)

El ser es la sustancia de las cosas que se esperan, la evidencia de las cosas que aún no se ven. Si asumes que ya eres aquello que deseas ser, entonces verás a los demás relacionados con tu asunción.

Ahora bien, si lo que deseas es el bien de los demás, entonces, en la meditación, debes representarlos ante ti mismo como si ya fueran aquello que deseas que sean. A través del deseo te elevas por encima de tu esfera actual y el camino que va del anhelo al cumplimiento se acorta a medida que experimentas en la imaginación lo que experimentarías en la carne si ya fueras la encarnación del ideal que deseas ser.

He afirmado que el individuo tiene ante sí, en cada momento del tiempo, la elección de cuál de varios futuros encontrará; pero surge la pregunta: ¿Cómo es posible si las experiencias del individuo despierto en el mundo tridimensional, están predeterminadas? Tal como se deduce de su observación de un acontecimiento antes de que se produzca.

Esta capacidad de cambiar el futuro se verá si comparamos las experiencias de la vida en la tierra con esta página impresa. El individuo experimenta los acontecimientos en la tierra de forma individual y sucesivamente, de la misma manera que tú estás experimentando ahora las letras de esta página.

Imagina que cada palabra en esta página representa una impresión sensorial en particular. Para captar el contexto, para entender lo que quiero decir, debes enfocar la vista en la primera palabra, en la esquina superior izquierda, y luego desplazar tu mirada por la página de izquierda a derecha, dejándola caer sobre las palabras de forma individual y sucesivamente. En el momento en que tus ojos lleguen a la última palabra en esta página, habrás extraído mi significado. Sin embargo, supongamos que al mirar la página, con todas las palabras impresas tal como están, decidieras reorganizarlas. Al hacerlo, podrías contar una historia completamente diferente, de hecho, podrías contar muchas historias diferentes.

Un sueño no es nada más que un pensamiento cuatridimensional incontrolado, o la reorganización de impresiones sensoriales pasadas y futuras. El individuo rara vez sueña con los acontecimientos en el orden en que los experimenta cuando está despierto. Por lo general, sueña con dos o más acontecimientos separados en el tiempo, que se funden en una sola impresión sensorial; o bien, en su sueño, reorganiza tan completamente sus impresiones sensoriales de vigilia, que no las reconoce cuando las encuentra en su estado de vigilia. Por ejemplo: Soñé que entregaba un paquete en el restaurante de mi edificio. La anfitriona me decía: "No puedes dejar eso ahí". A continuación, el ascensorista me entregaba unas cartas y yo se las agradecía, él, a su vez, me agradecía a mí. En ese momento, apareció el ascensorista del turno de noche y me saludó con la mano.

Al día siguiente, al salir de mi departamento, recogí unas cartas que habían dejado en mi puerta. Al bajar, le di una propina al ascensorista y le agradecí que se hubiera ocupado de mi correspondencia, y él me dio las gracias por la propina. Al regresar a casa ese día, por casualidad escuché a un portero decirle a un repartidor: "No puedes dejar eso ahí". Cuando me disponía a tomar el ascensor para subir a mi departamento, me llamó la atención una cara conocida en el restaurante y, cuando miré dentro, la anfitriona me saludó con una sonrisa. Esa misma noche, acompañé a mis invitados al ascensor y, al despedirme de ellos, el ascensorista del turno de noche me saludó con la mano.

Simplemente reorganizando algunas de las impresiones sensoriales que estaba destinado a encontrar, y fusionando dos o más de ellas en impresiones sensoriales únicas, construí un sueño que difería bastante de mi experiencia de vigilia.

Cuando hayamos aprendido a controlar los movimientos de nuestra atención en el mundo cuatridimensional, seremos capaces de crear conscientemente las circunstancias en el mundo tridimensional. Aprendemos este control a través del sueño despierto, donde nuestra atención puede mantenerse sin esfuerzo, ya que la atención sin esfuerzo es indispensable para cambiar el futuro. En un sueño de vigilia controlado, podemos construir conscientemente un acontecimiento que deseamos experimentar en el mundo tridimensional.

Las impresiones sensoriales que utilizamos para construir nuestro sueño despierto son realidades presentes, desplazadas en el tiempo o en el mundo cuatridimensional. Todo lo que hacemos al construir el sueño de vigilia es seleccionar de la vasta gama de impresiones sensoriales aquellas que, cuando están bien ordenadas, implican que hemos realizado nuestro deseo.

Con el sueño claramente definido, nos relajamos en una silla e inducimos un estado de conciencia próximo al sueño, un estado que, aunque bordeando el sueño, nos permite controlar conscientemente los movimientos de nuestra atención. Cuando hemos alcanzado ese estado, experimentamos en la imaginación lo que experimentaríamos en la realidad si este sueño despierto fuera un hecho objetivo. Al aplicar esta técnica para cambiar el futuro es importante recordar siempre que lo único que ocupa la mente durante el sueño de vigilia es el sueño de vigilia, la acción predeterminada que implica el cumplimiento de nuestro deseo.

La forma en que el sueño despierto se convierte en un hecho físico no nos concierne. Nuestra aceptación del sueño despierto como una realidad física, genera los medios para su cumplimiento.

Permíteme establecer nuevamente las bases para cambiar el futuro, que no es más que un sueño controlado de vigilia:

1. Define tu objetivo. Debes saber definitivamente lo que deseas.

2. Construye un acontecimiento que creas que encontrarás tras la realización de tu deseo, algo que tenga la acción del yo predominante, un acontecimiento que implique la realización de tu deseo.

3. Inmoviliza el cuerpo físico e induce un estado de conciencia próximo al sueño. Luego, mentalmente siéntete dentro de la acción propuesta, imaginando todo el tiempo que realmente estás realizando la acción, aquí y ahora, de modo que experimentes

en la imaginación lo que experimentarías en la carne si ya hubieras realizado tu objetivo.

La experiencia me ha convencido de que esta es la manera perfecta de alcanzar mi objetivo. Sin embargo, mis numerosos fracasos me condenarían si diera a entender que he dominado completamente los movimientos de mi atención. No obstante, puedo decir con el antiguo maestro:

"Esta única cosa hago: olvidando lo que queda atrás y extendiéndome a lo que está delante, prosigo hacia la meta para obtener el premio" (Filipenses 3: 13-14).

CAPÍTULO 3

....

EL PODER DE LA
IMAGINACIÓN

"Conocerán la verdad, y la verdad les hará libres"
(Juan 8: 32)

Se dice que un juicio verdadero debe ajustarse a la
realidad exterior con la que se relaciona. Esto significa
que si yo, estando encarcelado, me sugiero a mí mismo
que soy libre y consigo creer que lo soy, es verdad que
creo en mi libertad; pero eso no significa que sea libre,
pues sería víctima de una ilusión. No obstante, debido a
mis propias experiencias, he llegado a creer en tantas
cosas extrañas que veo pocas razones para dudar de la
verdad de las cosas que están más allá de mi experiencia.

Los antiguos maestros nos advirtieron que no
juzgáramos por las apariencias porque, según decían, la
verdad no tiene por qué ajustarse a la realidad externa con
la que se relaciona. Ellos afirmaban que damos falso

168

testimonio si imaginamos el mal contra otro, que no importa qué tan real parezca nuestra creencia, qué tan verdaderamente se ajusta a la realidad externa con la que se relaciona, si no hace libre a aquel de quien sostenemos esa creencia, es falsa y, por lo tanto, un juicio falso. Estamos llamados a negar la evidencia de nuestros sentidos e imaginar como verdad de nuestro prójimo aquello que lo hace libre.

"Conocerán la verdad y la verdad les hará libres".

Para conocer la verdad de nuestro prójimo debemos asumir que ya es lo que desea ser. Cualquier concepto que tengamos de otro que no se ajuste a su deseo cumplido, no lo hará libre y, por lo tanto, no puede ser la verdad.

En lugar de aprender mi oficio en escuelas, donde la asistencia a cursos y seminarios se considera un sustituto del conocimiento adquirido por uno mismo, mi formación académica se basó casi exclusivamente en el poder de la imaginación. Me quedaba horas imaginando que era distinto de lo que dictaban mi razón y mis sentidos hasta que los estados imaginados eran vívidos como la realidad, tan vívidos que los transeúntes se convertían en parte de mi imaginación y actuaban como yo quería que lo hicieran. Por el poder de la imaginación, mi fantasía guiaba la suya y les dictaba su comportamiento y las conversaciones que mantenían, mientras yo me identificaba con mi estado imaginado.

La imaginación humana es el individuo mismo, y el mundo tal como lo ve la imaginación es el mundo real, pero es nuestro deber imaginar todo lo amable y de buen nombre.

"Dios no ve como el hombre ve, pues el hombre mira la apariencia exterior, pero el Señor mira el corazón" (1 Samuel 16: 7)

"Como el hombre piensa en su corazón, así es él" (Proverbios 23: 7)

En la meditación, cuando el cerebro se vuelve luminoso, encuentro mi imaginación dotada del poder magnético de atraer hacia mí todo lo que deseo. El deseo es el poder que la imaginación utiliza para modelar la vida a mi alrededor, tal como yo la modelo en mi interior. Primero deseo ver a cierta persona o una escena determinada, y luego miro como si estuviera viendo aquello que quiero ver, y el estado imaginado se vuelve objetivamente real. Deseo escuchar, y entonces escucho como si estuviera oyendo, y la voz imaginada dice lo que yo dicto, como si hubiera iniciado el mensaje.

Podría darte muchos ejemplos para probar mis argumentos, para probar que estos estados imaginados se convierten en realidades físicas, pero sé que mis ejemplos despertarán una incredulidad natural en todos aquellos que no se hayan encontrado con algo semejante o que no están inclinados hacia mis argumentos. De todos modos, la experiencia me ha convencido de la verdad de la afirmación:

"Él llama a las cosas que no existen, como si existieran" (Romanos 4:17)

En intensa meditación, he llamado a las cosas que no se veían como si existieran, y lo que no se veía, no solo se hizo visible, sino que finalmente se convirtió en realidades físicas.

Con este método, primero deseando y luego imaginando que estamos experimentando aquello que deseamos experimentar, podemos moldear el futuro en armonía con nuestro deseo. Pero sigamos el consejo del profeta y pensemos solo en aquello que es amable y de buen nombre, porque la imaginación nos espera con la misma indiferencia y rapidez cuando nuestra naturaleza es mala que cuando es buena. De nosotros brotan el bien y el mal.

"Yo he puesto delante de ti hoy la vida y el bien, la muerte y el mal" (Deuteronomio 30: 15).

El deseo y la imaginación son la varita mágica de los cuentos y atraen hacia sí sus propias afinidades. Se manifiestan mejor cuando la mente está en un estado próximo al sueño. He escrito con cierto cuidado y detalle el método que utilizo para entrar al mundo dimensionalmente más grande, pero daré una fórmula más para abrir la puerta del mundo más grande.

"En un sueño, en una visión nocturna, cuando un sueño profundo cae sobre los hombres, mientras dormitan en sus lechos, entonces él abre el oído de los hombres y sella su instrucción" (Job 33: 15-16).

En el sueño generalmente somos el sirviente de nuestra visión, en lugar de su maestro, pero la fantasía interna del sueño puede convertirse en una realidad externa. En el sueño, como en la meditación, nos desplazamos de este mundo a un mundo dimensionalmente más grande, y sé que las formas en el sueño no son imágenes planas de dos dimensiones, como creen los psicólogos modernos. Son realidades sustanciales de un mundo dimensionalmente más grande, y puedo apoderarme de ellas. He descubierto que, si me sorprendo a mí mismo soñando, puedo sujetarme de cualquier forma inanimada o inmóvil del sueño (una silla, una mesa, una escalera, un árbol) y ordenarme despertar. Al dar la orden de despertar, mientras sostengo firmemente el objeto del sueño, soy empujado a través de mí mismo con la clara sensación de estar despertando de un sueño. Despierto en otra esfera sosteniendo el objeto de mi sueño, para descubrir que ya no soy más el sirviente de mi visión, sino su amo, porque estoy completamente consciente y en control de los movimientos de mi atención.

Es en este estado completamente consciente cuando controlamos la dirección del pensamiento, es cuando llamamos a las cosas que no se ven como si se vieran. En este estado llamamos a las cosas deseándolas y asumiendo el sentimiento de nuestro deseo cumplido. A diferencia del mundo de tres dimensiones, donde hay un intervalo entre nuestra asunción y su cumplimiento, en el mundo dimensionalmente más grande hay una realización inmediata de nuestra asunción. La realidad externa refleja instantáneamente nuestra asunción. Aquí no hay necesidad de esperar cuatro meses hasta la cosecha. Vemos otra vez como si hubiéramos visto, y he aquí, los campos ya están blancos para la cosecha. En este mundo dimensionalmente más grande:

"No necesitan pelear en esta batalla; tomen sus puestos y estén quietos, y vean la salvación del Señor con ustedes" (2 Crónicas 20: 17).

Y como ese mundo más grande está pasando lentamente a través de nuestro mundo tridimensional, mediante el poder de la imaginación podemos moldear nuestro mundo en armonía con nuestro deseo. Mira como si hubieras visto; escucha como si hubieras escuchado; extiende tu mano imaginaria como si hubieras tocado, y tus asunciones se convertirán en hechos.

Para aquellos que creen que un juicio verdadero debe ajustarse a la realidad externa con la que se relaciona, esto será necedad y piedra de tropiezo. Pero yo predico y practico la fijación en la conciencia de aquello que el individuo desea manifestar.

La experiencia me convence de que las actitudes mentales fijas que no se ajustan a la realidad externa con la que se relacionan y que, por tanto, son llamadas imaginarias —"cosas que no son"— serán las que van a "deshacer lo que es" (1 Corintios 1:28).

No deseo escribir un libro de prodigios, sino volver la mente de las personas hacia la única realidad que los antiguos maestros adoraban como Dios. Todo lo que se dijo de Dios, en realidad, se dijo de la conciencia del ser humano, de modo que podemos decir: "tal como está escrito, el que se gloríe, que se gloríe en su propia conciencia".

"Más el que se gloríe, gloríese de esto: de que me entiende y me conoce, pues yo soy el Señor que hago misericordia, juicio y justicia en la tierra" (Jeremías 9:24).

Nadie necesita ayuda para ser dirigido en la aplicación de esta ley de la conciencia. "Yo Soy" es la autodefinición de lo absoluto. La raíz de la cual surge todo. "Yo soy la vid".

¿Cuál es tu respuesta a la eterna pregunta: "Quién soy yo"? Tu respuesta determina el papel que desempeñas en el drama del mundo. Tu respuesta, es decir, tu concepto de ti mismo, no tiene por qué ajustarse a la realidad externa con la que se relaciona. Esta gran verdad es revelada en la declaración: "Que el débil diga, yo soy fuerte" (Joel 3:10).

Mira atrás y repasa todas las buenas resoluciones con las que se cargaron muchos años nuevos pasados. Vivieron un poco y luego murieron. ¿Por qué? Porque fueron cortados de raíz. Asume que eres lo que quieres ser. Experimenta en la imaginación aquello que experimentarías en la carne si ya fueras aquello que deseas ser. Permanece fiel a tu asunción, de modo que te definas como aquello que has asumido. Las cosas no tienen vida si son cortadas de sus raíces, y nuestra conciencia, nuestro "Yo Soy", es la raíz de todo lo que brota en nuestro mundo.

"Si no creen que Yo Soy, morirán en sus pecados" (Juan 8: 24).

Eso significa que si yo no creo que ya soy aquello que deseo ser, entonces permanezco como soy y muero en mi actual concepto de mí mismo. No hay ningún poder fuera de la conciencia del individuo para resucitar y dar vida a aquello que él desea experimentar. El que se acostumbre a evocar a voluntad las imágenes que desee, por virtud del poder de su imaginación, será el amo de su destino.

"Yo soy la resurrección y la vida: el que cree en mí, aunque muera, vivirá" (Juan 11:25).

"Conocerán la verdad, y la verdad les hará libres" (Juan 8: 32).

CAPÍTULO 4

....

NADIE A QUIEN CAMBIAR, MÁS QUE A UNO MISMO

"Y por ellos yo me santifico, para que ellos también
sean santificados en la verdad"
(Juan 17: 19).

El ideal al que servimos y por el que nos esforzamos
por alcanzar nunca podría evolucionar a partir de nosotros
si no estuviera potencialmente implicado en nuestra
naturaleza.

Mi propósito ahora es volver a contar y enfatizar una
experiencia mía que imprimí hace dos años. Creo que
estas citas de "La Búsqueda" nos ayudarán a comprender
el funcionamiento de la ley de la conciencia, y nos
mostrarán que no tenemos que cambiar a nadie más que a
nosotros mismos.

Una vez, en un intervalo de ocio en el mar, medité
sobre el "estado perfecto" y me pregunté cómo sería yo si
tuviera ojos demasiados puros para contemplar la

176

iniquidad, si para mí todas las cosas fueran puras y estuviera libre de condenación. Mientras me perdía en esta intensa cavilación, me encontré elevado por encima del oscuro ambiente de los sentidos. Tan intensa fue la sensación que sentí que era un ser de fuego habitando en un cuerpo de aire. Voces como de un coro celestial, con la exaltación de los que han sido vencedores en un conflicto con la muerte, cantaban: "Ha resucitado, ha resucitado". Intuitivamente, supe que se referían a mí.

Luego me pareció estar caminando en la noche. Pronto me encontré con una escena que podría haber sido el antiguo estanque de Betesda, pues en aquel lugar había una gran multitud de personas inválidas —ciegos, paralíticos, lisiados— que no esperaban el movimiento del agua, como es tradición, sino que me esperaban a mí. A medida que me acercaba, sin pensamiento ni esfuerzo por mi parte, se iban moldeando, uno tras otro, como por el Mago de la Belleza. Ojos, manos, pies, —todos los miembros que faltaban— eran tomados de algún depósito invisible y moldeados en armonía con aquella perfección que yo sentía brotar dentro de mí. Cuando todo quedó perfecto, el coro exclamó: "Está terminado". Entonces la escena se disolvió y desperté.

Sé que esta visión fue el resultado de mi intensa meditación sobre la idea de la perfección, ya que mis meditaciones invariablemente producen la unión con el estado contemplado. Había estado tan completamente absorto en la idea que durante un tiempo me había convertido en lo que contemplaba, y el elevado propósito con el que me había identificado en aquel momento atrajo

177

la compañía de las cosas elevadas y modeló la visión en armonía con mi naturaleza interior. El ideal con el cual estamos unidos trabaja por asociación de ideas para despertar miles de estados de ánimo y crear un drama acorde con la idea central.

Mis experiencias místicas me han convencido de que no hay otra forma de alcanzar la perfección externa que buscamos que no sea transformándonos a nosotros mismos. En el momento en que conseguimos transformarnos a nosotros mismos, el mundo se desvanecerá mágicamente ante nuestros ojos y se remodelará en armonía con lo que afirma nuestra transformación.

En la economía divina nada se pierde. No podemos perder nada sino por el descenso de la esfera donde la cosa tiene su vida natural. No hay poder transformador en la muerte y, estemos aquí o allá, modelamos el mundo que nos rodea por la intensidad de nuestra imaginación y sentimiento, e iluminamos u oscurecemos nuestra vida por los conceptos que tenemos de nosotros mismos. No hay nada más importante para nosotros que la concepción que tenemos de nosotros mismos, y esto es especialmente cierto en lo que respecta a nuestro concepto del ser dimensionalmente más grande dentro nuestro.

Aquellos que nos ayudan o nos obstaculizan, ya sea que lo sepan o no, son los sirvientes de esa ley que moldea las circunstancias externas en armonía con nuestra naturaleza interior. Es el concepto que tenemos de nosotros mismos lo que nos libera o nos limita, aunque pueda utilizar medios materiales para lograr su propósito.

Ya que la vida moldea el mundo exterior para reflejar la disposición interna de nuestra mente, no hay manera de lograr la perfección externa que buscamos, si no es mediante la transformación de nosotros mismos. Ninguna ayuda viene de afuera; las colinas a las que alzamos nuestros ojos son las de un rango interno. Es a nuestra propia conciencia a la que debemos dirigirnos como a la única realidad, al único fundamento sobre el que pueden explicarse todos los fenómenos. Podemos confiar absolutamente en la justicia de esta ley que nos dará solo lo que es de la naturaleza de nosotros mismos.

Intentar cambiar el mundo antes de cambiar nuestro concepto de nosotros mismos es luchar contra la naturaleza de las cosas. No puede haber un cambio externo mientras no haya primero un cambio interno. Como es adentro, así es fuera.

Yo no estoy abogando por la indiferencia filosófica cuando sugiero que nos imaginemos que ya somos lo que queremos ser, viviendo en una atmósfera mental de grandeza, en lugar de utilizar medios físicos y argumentos para provocar el cambio deseado. Todo lo que hacemos, si no va acompañado de un cambio de conciencia, no es más que un inútil reajuste de superficies. Por mucho que nos esforcemos o luchemos, no podemos recibir más de lo que afirman nuestras asunciones. Protestar contra cualquier cosa que nos suceda es protestar contra la ley de nuestro ser y contra el dominio que ejercemos sobre nuestro propio destino.

Las circunstancias de mi vida están demasiado relacionadas con el concepto que tengo de mí mismo como para no haber sido formadas por mi propio espíritu desde algún almacén dimensionalmente más grande de mi ser. Si hay dolor para mí en estos acontecimientos, debo buscar la causa dentro de mí, porque soy movido aquí y allá y hecho para vivir en un mundo en armonía con el concepto que tengo de mí mismo.

La meditación intensa produce una unión con el estado contemplado. Durante esta unión, vemos visiones, tenemos experiencias y nos comportamos de acuerdo con nuestro cambio de conciencia. Esto nos demuestra que una transformación de la conciencia tendrá como resultado un cambio del entorno y del comportamiento.

Todas las guerras demuestran que las emociones violentas son extremadamente potentes para precipitar reajustes mentales. A cada gran conflicto le ha seguido una era de materialismo y codicia en la que los ideales por los que aparentemente se libró el conflicto quedan sumergidos. Esto es inevitable porque la guerra evoca el odio que impulsa un descenso de la conciencia, desde el plano del ideal al nivel en el que se libra el conflicto.

Si pudiéramos emocionarnos tanto por nuestros ideales como por nuestras aversiones, ascenderíamos al plano de nuestro ideal con la misma facilidad con la que ahora descendemos al nivel de nuestros odios.

El amor y el odio tienen un mágico poder transformador y mediante su ejercicio nos convertimos en la semejanza de lo que contemplamos. Mediante la intensidad del odio creamos en nosotros el carácter que imaginamos en nuestros enemigos. Las cualidades mueren por falta de atención, por tanto, los estados desagradables pueden ser eliminados imaginando "belleza en lugar de cenizas y alegría en lugar de luto", en lugar de atacar directamente el estado del que queremos liberarnos. "Todo lo que es bello y de buen nombre, piensa en ello" porque nos convertimos en aquello con lo que estamos en sintonía.

No hay nada que cambiar, excepto el concepto que tenemos de nosotros mismos. En cuanto consigamos transformarnos a nosotros mismos, nuestro mundo se disolverá y remodelará en armonía con aquello que nuestro cambio afirma.

WISDOM
COLLECTION

Sabiduría de Ayer, para los Tiempos de Hoy

www.wisdomcollection.com

www.ingramcontent.com/pod-product-compliance
Lightning Source LLC
Chambersburg PA
CBHW021100090426
42738CB00006B/428